Krankheit & Tod in den Religionen

Herausgeber
Christoph Peter Baumann

INFOREL
Information Religion
Postfach, 4009 Basel

IMPRESSUM

Autorinnen und Autor:

Judith Albisser
Christoph Peter Baumann (Verantwortlicher Herausgeber)
Sylvie Eigenmann

© INFOREL, Information Religion, Basel 2011.
INFOREL, Postfach, 4009 Basel
Telefon 061 303 93 30
info@inforel.ch
www.inforel.ch.

Vertrieb für den Buchhandel:
Manava, Verlag und Vertrieb.
Christoph Peter Baumann, Sulzerstr. 16, 4054 Basel.
Telefon 061 302 16 84.
verlag@manava.ch.
www.manava.ch

Layout: Susanne Timbers Grafikdesign, Basel (Schweiz)
Druck: Difo-Druck, Bamberg (Deutschland)

ISBN 978-3-906981-36-9

Kein Teil dieses Werkes darf ohne schriftliche Einwilligung in irgend einer Form (elektronisch, Fotokopie, Mikrofilm oder ein anderes Verfahren), auch nicht für Zwecke der Unterrichtsgestaltung oder für private Zwecke, reproduziert oder unter Verwendung elektronischer Systeme verarbeitet, vervielfältigt, ins Internet gebracht oder auf anderem Weg verbreitet werden.

INHALTSVERZEICHNIS

5	**Vorwort**
6	**Einleitung**
10	**Krankenpflege**
13	**Spitalseelsorge**
16	**Alters- und Pflegeheim**
22	**Gefängnisseelsorge**
26	**Care Team und Notfallseelsorge**
31	**Patientenverfügung**
34	**Sterbehilfe und Beihilfe zur Selbsttötung**
38	**Bestattungsarten**
44	Religionen
45	**Alevitentum**
58	**Bahá'í**
66	**Buddhismus**
72	**Theravada-Buddhismus**
79	**Tibetischer Buddhismus («Vajrayana»)**
88	**Christentum**
98	Römisch-katholische Kirche
106	Christkatholische (altkatholische) Kirche
111	Evangelisch-reformierte Kirchen
116	Christlich-orthodoxe Kirchen
123	Evangelische Freikirchen
129	Neuapostolische Kirche (NAK)
136	Kirche Jesu Christi der Heiligen der letzten Tage («Mormonen»)
143	Zeugen Jehovas
151	**Hinduismus**
156	Tamilische Hindus von Sri Lanka
170	Hindus aus Indien
177	**Islam**
202	**Juden**
226	**Sikh**
236	**Konfessionsfreie und Freidenker**
242	**Autorinnen und Autor**
244	**Mitarbeit**
248	**Finanzierung**
249	**Anmerkungen**
250	**Symbole**

VORWORT

In vielen Berufen begegnen wir heute Menschen unterschiedlichster Kulturen und Religionen. Unser demokratisches Lebensgefühl hat unser eigenes Denken, unsere Achtsamkeit vor dem Fremden, verfeinert. Wir gestehen Menschen anderer religiöser Prägung zu, dass sie in der Ausübung ihrer Religion einen für ihr Leben wichtigen Wert schöpfen. Dieser Wert verdient Aufmerksamkeit.
In Situationen, in denen Menschen durch Notfall, Krankheit, Tod in ihren Grundfesten erschüttert werden, ist es besonders wichtig, ihnen in der Betreuung ihren ganz eigenen religiösen Halt zu bewahren. Um diesem diakonisch-humanistischen Ansatz entsprechen zu können, benötigen Betreuende Wissen. Dieses Handbuch fasst die Fakten des Einmaleins im Umgang mit religiösen Menschen verschiedenster Herkunft kompakt zusammen.
Man wird bei der Lektüre dieses Handbuchs lernen, religiöse Symbole zu erkennen und einer Religion zuzuordnen sowie interreligiöse Missverständnisse zu überwinden. Wer in diesem Handbuch Bewertungen der einzelnen Religionen im Gegensatz zum Christentum erwartet, wird enttäuscht werden. Das Ziel der intensiven Recherchen ist vielmehr ein Plädoyer für die Achtsamkeit gegenüber den religiösen Gefühlen anderer Menschen.
Ein herzlicher Dank gilt Christoph Baumann und seinem Team. Trotz vielfältiger Hürden sind sie konsequent daran geblieben, dieses Buchprojekt zu verwirklichen. Ich kann den kantonalen Krisenorganisationen, Spitälern, Pfarrämtern, Pflegeeinrichtungen, Krankenpflegeschulen und Bestattungsunternehmen nur empfehlen, ihren Angestellten dieses Handbuch zur Verfügung zu stellen.

Pfarrerin Sybille Knieper
Notfallseelsorgerin

EINLEITUNG

Vorgeschichte dieses Handbuches

Dies ist ein Handbuch aus der Praxis und für die Praxis. Unser Anspruch ist: Allgemein verständlich, wissenschaftlich haltbar. Wir standen beim Recherchieren und Verfassen dieses Handbuchs vor der Aufgabe, eine komplexe Thematik fundiert und doch möglichst einfach darzustellen. Eine weitere Herausforderung bestand darin, dass Sterben und Tod immer noch ein mit Widerständen und gesellschaftlichen Tabus belegtes Thema ist.

Als Vorläufer zu diesem Handbuch gaben wir im Jahr 2001 das von Maria Flühler verfasste Büchlein «Fremde Religionen in der Pflege» heraus. Die seither zu INFOREL gelangten Fragen und Verbesserungswünsche führten zu einer Ausweitung, die die Religionen und die Themenwahl betrifft. Neben den vier Religionen Judentum, Islam, Hinduismus und Buddhismus sollten auch die in der Deutschschweiz wichtigsten christlichen Kirchen und Gemeinschaften beschrieben werden. Ausserdem wollten wir das Alevitentum, die Bahá'í-Religion und den Sikhismus neu aufnehmen. Von Seiten der Notfallhilfe (Care Team und Notfallseelsorge) erhielten wir eine Reihe von Fragen, die wir im Buch beantworten wollten.

Mit den Diskussionen über die islamischen Friedhöfe und Grabfelder rückte die Frage «Wie bestatten die Religionen ihre Toten?» mehr in den Mittelpunkt.

Für die Recherche und die Interviews verwendeten wir den gleichen Raster. Im Idealfall sollten ein einheitlicher Aufbau und die Gliederung der Kapitel dazu verhelfen, dass schnell Antworten auf Fragen gefunden werden können. In der Praxis liess es sich nicht immer durchhalten.

Um der besseren Lesbarkeit willen verzichteten wir auf Fussnoten und beschränkten uns auf möglichst wenig Endnoten. Das heisst, wir löschten diese aus den Texten. Wer eine genaue Quellenangabe eines bestimmten Textes wünscht, kann diese beim verantwortlichen Herausgeber anfordern.

Religion - Religiös

INFOREL ist keine religiöse Organisation, sondern eine Informationsstelle über Religionen. Wir sind Religionswissenschafter und Religionswissenschafterinnen und nicht religiöse Wissenschafter und Wissenschafterinnen. Unsere eigene Religiosität hat bei unserer Arbeit keinen Einfluss oder im besten Fall diesen, dass wir Verständnis für die Religiosität anderer Menschen haben.

Deshalb werden in diesem Buch die Religionsgemeinschaften nicht bewertet. Die Frage «Weltreligion oder Sekte?» hat uns nicht zu interessieren. Wichtig ist es, zu wissen, was diese Menschen glauben und wie sie ihren Glauben leben. Von Profis, für welche dieses Handbuch geschrieben wurde, kann erwartet werden, dass sie den Menschen sehen und seinen Bedürfnissen gerecht werden möchten. Dass Profis in der Regel diese Erwartungen erfüllen, wissen wir.

Dieses Handbuch will Menschen eine Hilfestellung sein, die Kranke und Sterbende unterschiedlicher religiöser und ethnischer Herkunft an einem Ereignisplatz, im Spital, Alters- und Pflegeheim begleiten. Das macht es notwendig, die Religionen und Weltanschauungen knapp und leicht verständlich zu beschreiben.

Zwischen der offiziellen Lehre einer Religion und der heutigen Praxis sind zum Teil grosse Unterschiede festzustellen. Besonders auffällig ist dies bei Immigrantenreligionen. Bei der Beschreibung zeigen wir beide Aspekte. Religionen geben zwar gewisse Gesetzmässigkeiten vor, die Religionspraxis wird jedoch sehr unterschiedlich gelebt. Oft sind innerhalb derselben Religion die kulturellen Unterschiede beinahe grösser als die Gemeinsamkeiten. Bei vielen Mitgliedern der grossen christlichen Kirchen sind Kenntnis und Akzeptanz der kirchlichen Glaubensauslegung nur teilweise vorhanden.

Die folgenden Abhandlungen der hier beschriebenen Religionen dürfen deshalb nicht als absolut aufgefasst werden. Sie sollen nur als Basis für den Umgang mit gläubigen Menschen dienen. Beachten Sie unbedingt, dass es bei jeder der beschriebenen Religionsgemeinschaften eine ganze Palette von Gläubigkeiten und Verbindlichkeiten des gelebten Glaubens geben kann.

Kultur und Religion

Bei der Projektierung dieses Buches mussten wir uns einer Diskussion über den Sinn eines Handbuches stellen, welches Krankheit und Tod aus der Sicht der Religionen beschreibt. Mehrere Fachpersonen vertraten die Meinung, dass es nur um die interkulturelle Pflege gehen könne. Die Beschreibung aus Sicht der Religion sei überholt. Wir sind zur Überzeugung gelangt, dass es kein Entweder-Oder gibt. Die transkulturelle oder interkulturelle Pflege geht von der Tatsache aus, dass bei uns immer mehr Migrantinnen und Migranten leben. Allerdings werden dabei verschiedene Aspekte ausser Acht gelassen. Viele Menschen leben schon so lange hier, dass sie nur noch bedingt als Migrantinnen und Migranten anzusprechen sind. Besonders trifft dies natürlich auf die Secondos zu. Sie sind Schweizer und Schweizerinnen mit ausländischen Wurzeln.

Ein anderer Aspekt ist die Religionszugehörigkeit. Die Annahme, dass Migrantinnen und Migranten eine «andere» Religion haben, stimmt so nicht. So gibt es allein in der Römisch-katholischen Kirche Mitglieder aus unzähligen Ländern, zum Beispiel aus Italien, Spanien, Portugal, Philippinen, Sri Lanka, Indien etc. Diese Menschen sind gleichzeitig Migrantinnen und Migranten und Angehörige einer einheimischen Kirche. Kurios ist es, wenn Jüdinnen und Juden als Mitglieder einer «Fremden Religion» behandelt und ein Gegensatz zwischen «Schweizern» und «Juden» gemacht wird. Das Judentum ist seit mindestens 1000 Jahren eine einheimische Religion, was allerdings ihre Angehörigen nicht vor Diskriminierungen geschützt hat.

Die Ausbildungen und Bücher der transkulturellen oder interkulturellen Pflege sind keine Konkurrenz für die religionsorientierte Arbeit. Beide Aspekte ergänzen sich sinnvoll.

Dass die Übergänge zwischen diesen Ansätzen fliessend sind, können wir bei der praktischen Arbeit sehen. So müssen auch wir uns oft mit kulturellen Fragen beschäftigen.

Zum Umgang mit diesem Handbuch

Das Handbuch soll es den Mitarbeitenden in Einrichtungen des Gesundheitswesens, der Seelsorge, der Gefängnisse, des Bestattungswesens und anderen Bereichen ermöglichen, angemessene Fragen zu stellen.

Wir sind uns bewusst, dass wir vieles nur antippen können. Zu allen angeschnittenen Themen könnten Bücher, wenn nicht gar Enzyklopädien, geschrieben werden.

Unser Ziel war es, ein Handbuch zu schreiben, das kurz, prägnant und trotzdem (oder erst recht) inhaltlich richtig die wichtigsten Informationen vermittelt.

KRANKENPFLEGE

Ergänzend zu den pflegerischen Kompetenzen möchten wir hier eine Handreichung bieten zum Thema Religion. Die folgenden Punkte werden unter «Pflegerelevante Themen» ausführlicher behandelt und sind generalisierend am Schluss jedes Religionskapitels zusammengefasst. Sie sollen hier kurz kommentiert werden.

Diese Beschreibungen ersetzen aber keinesfalls das persönliche Eintrittsgespräch, weil innerhalb der gleichen Religionsgemeinschaft kaum Homogenität herrscht.

Krankenpflege und Spitalseelsorge (Checkliste, Fragen)

Ernährung:

In einigen Religionsgemeinschaften gibt es mehr oder weniger strenge Speisevorschriften. In einzelnen Fällen, wie zum Beispiel bei orthodoxen Jüdinnen und Juden, können sie so weitreichend sein, dass keine spitalinterne Verpflegung möglich ist. Manchmal kann rein vegetarische Ernährung für den Spitalaufenthalt die temporäre Lösung sein.

Allenfalls gibt es jahreszeitliche oder individuelle Fastenzeiten oder Fastentage.

Kleidung:

Manche Patientinnen und Patienten – ganz speziell Patientinnen – ziehen es aus religiösen Gründen vor, eigene Kleidung zu tragen. Für einzelne Religionsgemeinschaften ist aber wenigstens das Tragen einer Kopfbedeckung auch im Spitalbett wichtig, zum Beispiel bei Musliminnen, verheirateten Jüdinnen und Sikhmännern.

Geschlechterbeziehung:
In manchen Religionen gibt es traditionell eine Trennung in eine Männerwelt und eine Frauenwelt. Zu beachten ist, dass es in manchen Religionen sogar unüblich ist, nichtverwandten, andersgeschlechtlichen Personen bei der Begrüssung die Hand zu reichen. Besonders gilt diese Geschlechtertrennung bei der Körperpflege.

Rituale:
Praktizierende Gläubige schätzen es sehr, wenn ihnen unaufdringlich die Möglichkeit geboten wird, ungestört ihre Gebete oder Rituale vollziehen zu können. Ein «Raum der Stille» kann unter Umständen dafür benützt werden, sofern nicht christliche Bilder oder Symbole (zum Beispiel Kreuz) aufgestellt oder aufgehängt sind. Bei bettlägerigen Patientinnen und Patienten kann eventuell ein Paravent für eine relativ ungestörte Atmosphäre sorgen.

Tabus:
Unter Tabus verstehen wir Tätigkeiten oder Verhaltensweisen, die den jeweiligen Religionsgesetzen oder –bräuchen entgegenstehen und unbedingt vermieden werden sollen. Sie reichen von bestimmter Nahrung, einer medizinischen Massnahme bis zu Körperkontakten mit Andersgeschlechtlichen.

Todesfall:
In jedem Fall ist es wichtig, unverzüglich die Angehörigen zu verständigen. Ob ein Geistlicher, eine Pfarrerin, ein Mönch oder jemand von der Religionsgemeinschaft geru-

fen werden soll, ist individuell verschieden und wird im jeweiligen Kapitel angegeben. Die gewünschte Behandlung des Leichnams ist in den verschiedenen Religionen sehr unterschiedlich.

Religiöse Betreuung:

«Seelsorge» ist eigentlich eine christliche Erfindung. In anderen Religionen gibt es sie in dieser Form gar nicht oder kaum. Deshalb ist es wichtig, die Unterschiede zu beachten. Ob eine Spitalseelsorgerin oder ein Spitalseelsorger zu einer Patientin oder einem Patienten gerufen werden kann oder darf, muss unbedingt abgeklärt werden. Allerdings sind es nur Minderheiten, die explizit den Besuch einer Spitalseelsorgerin oder eines Spitalseelsorgers für ein Gespräch ablehnen.

SPITALSEELSORGE

«Die meisten Krankenhäuser und Kliniken der Schweiz beschäftigen von der Kirche und/oder vom Kanton und Krankenhaus angestellte reformierte und katholische Spitalseelsorger und Spitalseelsorgerinnen. Sie sind für seelsorgerische Gespräche, den Notfalldienst, für Sterbebegleitung, religiöse Rituale, Taufen, Personalweiterbildungen, für die Gottesdienste in der Spitalkapelle und für Kontakte zu anderen Konfessionen und Religionen zuständig. Täglich besteht rund um die Uhr ein Pikettdienst. Die Organisation der Seelsorge und die Feier der Gottesdienste erfolgt meist in ökumenischer Absprache. Pro Patientenstation oder Klinik sind je nach Ort einer oder zwei Seelsorger bzw. Seelsorgerinnen zuständig. Für konfessionelle Bedürfnisse kann der ökumenische Partner oder die ökumenische Partnerin beigezogen werden.»

Christliche Kirchen, Freikirchen und Gemeinschaften

In den meisten Spitälern wirken auch Seelsorgerinnen und Seelsorger der verschiedenen Kirchen und Gemeinschaften. Je nach Struktur oder Theologie sind es professionelle Pastoren respektive Pastorinnen oder Gemeindeglieder, die ihren Dienst freiwillig verrichten.

Im Gegensatz zu den landeskirchlichen oder öffentlich-rechtlichen Kirchen ist es für die übrigen Religionsgemeinschaften aus Datenschutzgründen oft schwierig, zu erfahren, dass Mitglieder ihrer Freikirche oder Gemeinschaft im Spital sind. Deshalb übernehmen es in manchen Institutionen die im Spitalbetrieb integrierten Spitalseelsorgerinnen und Spitalseelsorger, die Information weiter zu geben. Dafür gibt es zum Teil mehr oder weniger umfangreiche Adresslisten.

Weitere Religionen

Andere Religionen kennen keine Seelsorge im engeren Sinn. So ist zum Beispiel ein jüdischer Rabbiner kein Seelsorger im engeren Sinn. Ein Rabbiner ist in erster Linie Lehrer und religionsgesetzliche Autorität.

Der Rabbiner ist aber auch „Seelsorger". Dieser Begriff wird zwar zur Beschreibung der Aufgaben des Rabbiners kaum verwendet, weil er eine Funktion des Pfarrers beschreibt, die direkt von der christlichen Pastoraltheologie geprägt ist. Er kann aber auch in Verbindung mit Rabbinern verwendet werden, da er teilweise doch zutrifft. Der Rabbiner ist die Person, an welche sich Juden mit ihren ganz persönlichen Lebensfragen wenden und von welcher sie Beistand und Unterstützung erwarten können. Er wird ihnen zuhören, er wird ihnen Mitgefühl und Verständnis zeigen, und er wird ihnen helfen, ihre Probleme zu lösen.[1] So besuchen in manchen Spitälern Rabbiner ihre jüdischen Gemeindeglieder und übernehmen Aufgaben, die durchaus mit denen ihrer christlichen Kolleginnen und Kollegen zu vergleichen sind.

Ein Imam ist in erster Linie Vorbeter und Prediger in einer Moschee. Ausserdem wirkt er in der «Koranschule» als Lehrer. Ein grosser Teil der in der Schweiz wirkenden Imame haben keine theologische oder gar seelsorgerliche Ausbildung und arbeiten meist ehrenamtlich. Deshalb sind sie nur bedingt als Spitalseelsorger anzusprechen.

Ein Hindu-Priester hat keinerlei seelsorgerliche Aufgaben. Er ist nur für Rituale im Tempel und eventuell auch ausserhalb zuständig. Deshalb macht es wenig Sinn, ihn in ein Spital zu rufen. In einem Krankheitsfall besuchen eher die Angehörigen den Tempel und lassen vom Priester eine Segnung durchführen.

Ein buddhistischer Mönch – Priester gibt es nicht im Buddhismus – kann für Rituale gerufen werden. Er ist kein Seelsorger, hört sich aber oft Probleme der Menschen an.

Sikhs kennen kein Priestertum. Ein Granthi ist ein Mann oder eine Frau, die im Gurdwara oder ausnahmsweise auch in einem privaten Raum aus dem Heiligen Buch Guru Granth Sahib vorliest. Seelsorge gehört nicht zu den Aufgaben eines Granthi.

Literatur

Michael Klessmann (Hg.) Handbuch zur Krankenhausseelsorge, Vandenhoeck und Ruprecht, Göttingen, 2. Auflage 2001.

ALTERS- UND PFLEGEHEIM

Die heutigen Alters- und Pflegeheime haben mit den ehemaligen «Spitteln» nichts mehr gemeinsam. Das Niveau ist in jeder Beziehung sehr hoch. Diese Einrichtungen werden professionell geführt. Allerdings richten sie sich in ihren Angeboten an eine durchschnittliche schweizerische Bevölkerung, die zudem in der Regel einer der beiden grossen Kirchen angehört. Die Ausnahmen sind Alters- und Pflegeheime, die von kirchlichen Gemeinschaften (zum Beispiel katholischen Ordensschwestern oder reformierte Diakonissen) oder von Freikirchen geführt werden. Die absoluten Ausnahmen sind die jüdischen Alters- und Pflegeheime und der jüdisch-christliche Holbeinhof in Basel.
Bis in ein paar Jahren wird in der Schweiz die Entwicklung berücksichtigt werden müssen, dass zunehmend mehr Migranten und Migrantinnen aus verschiedensten Ländern Pflegeplätze benötigen. In Deutschland ist dies bereits Realität.

Interkulturell und interreligiös

Es gibt bereits einige wenige Pflegeheime mit mediterranen Abteilungen in Basel, Zürich und Bern. Dort leben aber vor allem Menschen aus Italien oder Spanien.
Der Unterschied zu der deutschschweizer Bevölkerung ist nicht so gross. Immerhin ist ihnen meistens die Religion gemeinsam.
Die Religion ist zwar ein wichtiger, aber nur ein Aspekt der Kultur. Die Pflegenden kommen meistens aus verschiedensten Ländern und bringen ihre eigene Kultur an den Arbeitsplatz mit. Deshalb müsste es doch eigentlich möglich sein, diesen Schatz an Kenntnissen nutzbar zu

machen. Diese Pflegenden beherrschen die Sprache und kennen die kulturellen Gepflogenheiten der Patientinnen und Patienten aus Kosovo, Serbien und Kroatien, aus Sri Lanka und der Türkei. In diesem Handbuch beschränken wir uns auf den Aspekt der Religion.

Religion

Die vorherrschenden Konfessionen sind die reformierte und römisch-katholische. In der Minderheit sind evangelische Freikirchen. Mehrere Freikirchen führen sogar eigene Heime: Zum Beispiel die Freien Evangelischen Gemeinden, die Baptisten, Freie Missionsgemeinden, Evangelisch-methodistische Kirche, Christengemeinschaft, Bewegung für religiöse Erneuerung etc.

Wie bereits erwähnt, gibt es jüdische Alters- und Pflegeheime und den jüdisch-christlichen Holbeinhof in Basel. In diesen Heimen können die Anliegen der jüdischen Pensionärinnen und Pensionäre zu 100% erfüllt werden.

Islamische Heime gibt es noch nicht. Für manche Muslime bietet sich der Holbeinhof in Basel als Vorbild an.

Die religionsspezifischen Anliegen und Probleme werden anschliessend skizziert. Für die Details sei auf die Religionskapitel verwiesen.

Pflegerelevante Themen
Rituale

Für christliche Pensionärinnen und Pensionäre dürften kaum Probleme bei der Ausübung ihrer Religion entstehen. Gebete, Bibelstudium, Kommunion, Gottesdienstbesuche sind in jedem Alters- und Pflegeheim in der Schweiz ohne weiteres möglich.

Für Jüdinnen und vor allem für jüdische Männer können

bei der Ausübung der täglichen Gebete Schwierigkeiten entstehen. Die Männer sollten für die Wochentagsgebete die Tefillin legen. Ist dies wegen körperlicher Gebresten nicht mehr möglich, sind sie nicht dazu verpflichtet. Trotzdem möchten manche Männer die Regeln einhalten. In einem jüdischen Heim kann ein anderer Mann Hand bieten. In einem nichtjüdischen Heim ist das kaum möglich. Ein weiteres Problem ist der Schabbat. (siehe dazu hinten)
Muslime benötigen die Möglichkeit, ungestört die 5 täglichen Gebete zu verrichten. Dafür müssen die 6 Gebetsbedingungen eingehalten werden.
Angehörige östlicher Religionen wie Hinduismus und Buddhismus haben meist einen «Hausaltar», für den besondere Regeln der rituellen Reinheit gelten. Diese können in einem Heim nur schwer eingehalten werden. Meistens werden bei den täglichen Ritualen Räucherstäbchen angezündet, was verständlicherweise in einem Alters- und Pflegeheim sehr ungern gesehen wird.

Speisevorschriften

Einige Religionen kennen besondere Speisevorschriften. Die jüdischen Kaschrutregeln sind die einschneidendsten Speisegesetze und können in einem Spital für den beschränkten Aufenthalt knapp eingehalten werden. Hingegen ist dies in einem Alters- und Pflegeheim, das ja das letzte «Daheim» sein soll, nicht möglich. Koscherernährung erfordert nicht nur grosse Kenntnisse, sondern auch eine entsprechende Infrastruktur.
Die Halalernährung für Muslime und Musliminnen gestaltet sich zwar einfacher, jedoch stösst das Küchenpersonal sehr schnell an seine Grenzen. Der Verzicht auf Schweinefleisch mag noch möglich sein, aber wenn nur

Fleisch aus Halal-Schlachtung akzeptiert wird und zudem die ganze Nahrung auf verbotene Bestandteile kontrolliert werden muss, dürfte dies den Rahmen sprengen. Rein vegetarische Ernährung mag den Ansprüchen von Hindus, Buddhisten und Buddhistinnen sowie vielen Sikhs entgegenkommen, aber für Jüdinnen und Juden und Muslime und Musliminnen ist dies auf die Dauer keine echte Lösung.

Geschlechterbeziehung

Obwohl es auch viele christliche Pensionärinnen und Pensionäre vorziehen, von einer gleichgeschlechtlichen Person gepflegt zu werden, hat dies keine religiösen Gründe.
Anders ist dies bei den meisten anderen Religionen. Dort gibt es meistens eine klare Trennung in eine Männer- und Frauenwelt. Das heisst, dass nichtverwandte Männer und Frauen sich im Normalfall bei der Begrüssung nicht einmal die Hand geben.

Gottesdienste

In den meisten Alters- und Pflegeheimen finden regelmässig christliche Gottesdienste statt. Meistens wechseln sich die reformierte und die römisch-katholische Kirche dabei ab. In einzelnen Heimen, besonders natürlich in jenen der Freikirchen, gibt es auch freikirchliche Gottesdienste.
Dass in den jüdischen Alters- und Pflegeheimen und dem jüdisch-christlichen Holbeinhof regelmässig jüdische Gottesdienste in den hauseigenen Synagogen stattfinden, ist selbstverständlich. Das heisst konkret, dass die jüdischen Pensionärinnen und Pensionäre jeden Schabbat und die wichtigsten Feiertage im Haus feiern können.
Für Muslime dürfte dies schwieriger sein. Im Idealfall

beten Männer gemeinsam. Während dies für 34 der 35 Gebete nur eine Empfehlung ist, muss das Freitagsgebet aber zwingend in der Gemeinschaft verrichtet werden.
Obwohl sie keine Moschee benötigen, sondern ein neutraler Aufenthaltsraum ohne christliche Bilder und Symbole in einem Alters- und Pflegeheim als Gebetsraum temporär benützt werden kann, wird von allen Beteiligten ein gewisses Mass an Flexibilität verlangt. So sollte es zum Beispiel möglich sein, einen Teppich, der nur für die Gebete benützt wird, zur Verfügung zu stellen und ihn vor dem Gebet auszurollen und ihn nachher wieder zusammen zu rollen.

Seelsorge

In der Regel besuchen Seelsorgerinnen und Seelsorger der beiden grossen Kirchen die Pensionärinnen und Pensionäre. Falls gewünscht, kommen auch Seelsorger anderer Kirchen oder Freikirchen.
In jüdischen Alters- und Pflegeheimen ist der Besuch eines Rabbiners möglich. Für andere Religionen ist dies hingegen schwieriger. Siehe dazu im Kapitel Spitalseelsorge.

Sterben und Tod

Wie in Alters- und Pflegeheimen mit dem Tod umgegangen wird, ist unterschiedlich, aber in jedem Fall professionell. Auch hier gilt, dass die Heime vor allem auf christliche (oder christlich sozialisierte) Menschen ausgerichtet sind. So wird in unterschiedlichem Mass der Tod von Pensionärinnen und Pensionäre in den Alltag einbezogen. So gibt es zum Teil einen Raum, wo der Leichnam aufgebahrt ist und von dem oder der Verstorbenen Abschied genommen werden kann.

Oft wird eine Fotografie an einem allgemein zugänglichen Ort, zum Beispiel im Aufenthalts- oder Essraum, aufgestellt.

In den jüdischen Heimen sind auch für den Sterbe- und Todesfall alle Vorkehrungen getroffen, so dass das Abschiednehmen für alle Beteiligten würdevoll und nach den jüdischen Gesetzen möglich ist.

Inwieweit den Bedürfnissen anderer Religionen entgegengekommen werden kann, müsste noch im Detail untersucht werden.

Weil bis jetzt in der Schweiz die entsprechenden Erfahrungen fehlen, wären Aussagen dazu Spekulation. Auf jeden Fall sei auf die Kapitel der Religionen verwiesen.

Literatur
Interkulturelle Aspekte in der Altenpflegeausbildung. Arbeitshilfe für die Unterrichtspraxis. Hrsg.: AWO und SPI. Bonn 2005.

GEFÄNGNISSEELSORGE

Da im Gefängnis Krankheit und Tod auftreten können und damit auch die Religion relevant werden kann, stellen wir hier die Gefängnisseelsorge vor.

Aufgaben der Gefängnisseelsorge

«Die Aufgabe der Gefängnisseelsorge ist vielfältig. Die Gefängnisseelsorgerin ist meistens von der Kirche angestellt. Ihre seelsorgerliche Aufgabe besteht darin, mit Insassen Gespräche zu führen, ein offenes Ohr für die Anliegen des Personals zu haben und die Anliegen des Strafvollzuges für die Öffentlichkeit zugänglich zu machen. Sie begleitet und betreut die Insassen in ihrer schwierigen Zeit und ist offen für ihre religiösen und ethischen Fragen. Die Arbeit beinhaltet auch psychologische Aspekte. An den allgemeinen Feiertagen gestaltet sie einen Gottesdienst, zu dem alle Insassen – ungeachtet ihrer Religionszugehörigkeit – eingeladen werden. Die Gefängnisseelsorgerin begleitet auch Menschen anderer Konfessionen und Religionen – falls sie dies wünschen. Sie ist zudem zuständig für das Gefängnispersonal und versucht dieses, in seiner anspruchsvollen Arbeit zu stützen. Eine enge Zusammenarbeit mit den anderen Diensten im Gefängnis ist zentral, z.B. mit dem medizinischen Dienst, psychiatrischen Dienst, Sozialdienst und der Gefängnisleitung. Der Respekt vor dem Menschen ungeachtet seines Deliktes ist zentral. Das Seelsorgegeheimnis darf nur in Ausnahmefällen (Selbst- und Fremdgefährdung) gebrochen werden. Die Besuche finden in der Regel an festen Tagen statt. Die Insassen, die ein Gespräch wünschen, melden sich mit einem „Wunschzettel" an. Oft weist auch das Personal die Gefängnisseelsorgerin auf einen Insassen hin, der z.B. speziell deprimiert wirkt. Die

Gespräche finden in der Zelle oder im Besucherraum statt. In einigen Anstalten sind auch muslimische Seelsorger, die Imame, fester Bestandteil des Seelsorgedienstes.»
(Selbstdarstellung von Pfrn. Franziska Bangerter Lindt)

Grundlagen

Multireligiosität und Multikulturalität sind im Gefängnis Alltag mit all seinen Schwierigkeiten und Herausforderungen. So gibt es das Christentum in den verschiedensten Ausprägungen, Islam, Hinduismus, Buddhismus, Judentum (sehr selten), Naturreligionen (vor allem Voodoo), Agnostiker, Atheisten, Satanisten, Esoteriker etc.

Der gemeinsame Nenner ist kaum die Religion, sondern die Tatsache, dass für mehr oder weniger lange Zeit die Türen geschlossen sind. Die Gefangenen sind auf sich zurückgeworfen. Vielleicht ist dies ein Grund dafür, dass manche sich wieder auf ihre religiösen Wurzeln besinnen.

Möglichkeiten der ökumenischen Gefängnisseelsorge

Die wichtigste Arbeit der Gefängnisseelsorge ist das Einzelgespräch unter vier Augen mit allen, die dies wünschen. Regelmässig finden ökumenische Gottesdienste statt, zu denen die meisten gerne kommen, denn es ist eine willkommene Abwechslung im eintönigen Gefängnisalltag. Als Pfarrerin sei sie die Einzige, die nichts weitersagen dürfe. Deshalb werde sie auch von nichtchristlichen Häftlingen aufgesucht, meint Pfarrerin Bangerter Lindt.

Ritualgegenstände, Bibeln und Koran können mit Erlaubnis der Gefängnisleitung leihweise abgegeben werden.

Islamische Gefängnisseelsorge

Weil in Strafanstalten viele Muslime sind, ist eine entsprechende Begleitung sehr wichtig. Obwohl es «Seelsorge» in diesem Sinn im Islam nicht gibt, wird von einzelnen Imamen in Gefängnissen (so zum Beispiel in Pöschwies) eine religiöse Begleitung durchgeführt. Oft sind Imame mit unserer Kultur und Sprache nicht vertraut. Sie kommen in der Regel nur ins Gefängnis, wenn die Insassen explizit nach ihnen verlangten, und das geschehe extrem selten. In der Regel wollen muslimische Häftlinge keinen Imam sehen, weil es seine Aufgabe ist zu lehren und nicht zuzuhören.

Die Hauptaufgaben sind das Freitagsgebet, die Koranschule und die Gespräche mit Muslimen wie auch Gespräche und den interreligiösen Gottesdiensten mit den Pfarrern und einigen nicht muslimischen Gefangenen.

Eine weitere Aufgabe ist die Einführung ins Gedankenfeld muslimischer Gefangener im Hinblick auf die täglichen Situationen, ihre Problematik und den Umgang damit.

Manche Muslime entdecken erst im Gefängnis ihre islamischen Wurzeln und beginnen, den Glauben zu leben. So lesen einige den Koran und verrichten die fünf täglichen Gebete. Diese werden traditionell auf einem Gebetsteppich ausgeführt. Wenn ein Gebetsteppich nicht gestattet wird, dient oft ein Handtuch als Gebetsunterlage.

Speisevorschriften

Die religiösen Speisevorschriften können in einem Gefängnis nur bedingt eingehalten werden. So gibt es kein spezielles vegetarisches Essen. Es ist auch nicht möglich, dass Muslime spezielles Halal-Essen erhalten. Dass es nur ausnahmsweise Schweinefleisch gibt, ist eine der zwei

Konzessionen, die für Muslime gemacht werden. Die zweite Konzession betrifft den Fastenmonat Ramadan: Muslime, die den Ramadan halten, können dies anmelden. Am Mittag wird weniger gekocht. Das Frühstück wird schon am Abend vorher geliefert. Muslime können nach dem Sonnenuntergang essen.

Sterben und Tod

Wenn Angehörige von Gefangenen sterben und keine Bewilligung für die Teilnahme an der Bestattung gegeben wird, ist dies für die Betroffenen hart. Die Gefängnisseelsorge versucht, mit den Betroffenen zusammen eine Lösung zu finden. Manchmal besteht diese darin, dass in der Zelle ein Ritual vollzogen wird. Die Gefängnisseelsorgerin legt eventuell Blumen aufs Grab, fotografiert das Grab und bringt das Foto dem Gefangenen.

Bei anderen Religionen: Fragen, was helfen könnte. Zum Beispiel Imam anfragen.

CARE TEAM UND NOTFALLSEELSORGE

Care Team

Ein Care Team ist ein organisiertes und mit einem Leistungsauftrag versehenes Betreuungsteam zur psychosozialen Unterstützung von Betroffenen eines potenziell traumatisierenden Ereignisses und ist in der Regel multidisziplinär und nach Möglichkeit multikulturell zusammengesetzt.

Das Care Team hat einen organisatorischen und einen fachlichen Leiter (Fachperson mit notfallpsychologischer Zusatzqualifikation). Unterstützt werden sie durch Care Givers. Der Care Giver ist in psychosozialer Nothilfe ausgebildet und betreut in einer organisierten Struktur Opfer von Ereignissen, deren Angehörige sowie Zeugen und Spontanhelfer. Er bietet emotionale und praktische Hilfe. Mitarbeitende der psychologischen Nothilfe sind darin geschult, den aktuellen Zustand von belasteten Personen zu beurteilen und rechtzeitig zusätzliche Hilfe zu organisieren. Massnahmen der psychologischen Nothilfe bewirken, dass belastete Menschen keinen unnötigen zusätzlichen Belastungen nach dem Ereignis ausgesetzt werden, ihre Belastung reduzieren können, möglichst bald die Kontrolle über sich wiedererlangen, wieder aktionsfähig werden und wenn nötig, schnell therapeutisch betreut werden.

Kontakt

Nationales Netzwerk Psychologische Nothilfe (NNPN).
www.nnpn.ch
Kantone: Stichwort «Bevölkerungsschutz» im Telefonverzeichnis

Notfallseelsorge

Selbstdarstellung:

«In der Notfallseelsorge geht es allermeist nicht um einen längerfristigen Prozess, sondern um eine punktuelle Nothilfe in aussergewöhnlichen Krisensituationen. Aber gerade dadurch nimmt die Notfallseelsorge einen Kernauftrag der Kirche wahr. Die Notfallseelsorge begleitet Menschen in ihrer Not, unabhängig ihrer kulturell-religiösen Herkunft. Die Notfallseelsorgenden beachten die kulturellen Ressourcen der Betroffenen.

Die Notfallseelsorge ist Teil der psychologischen Nothilfe. Die Notfallseelsorgenden sind in psychologischer Nothilfe gemäss den Standards des Nationalen Netzwerks Psychologischer Nothilfe (NNPN) ausgebildet, um Menschen in lebensbedrohlichen Krisen professionell zu begegnen und zu vernetzen.

Die konkrete Arbeit der Notfallseelsorge wird an den meisten Orten in multiprofessionellen Teams und in kantonaler Trägerschaft geleistet. Einige Notfallseelsorge-Teams organisieren sich selbständig. Die Notfallseelsorge bringt die spirituelle Dimension in die multidisziplinäre Zusammenarbeit ein. Notfallpsychologie und Notfallseelsorge haben die gleichen Standards und bereichern sich gegenseitig.

Die Arbeitsgemeinschaft Notfallseelsorge Schweiz koordiniert, vernetzt und kommuniziert überkantonal und ökumenisch die Anliegen der Notfallseelsorge gegenüber der Öffentlichkeit.»

Kontakt

Arbeitsgemeinschaft Notfallseelsorge Schweiz, Paul Bühler (Präsident), Hauptstrasse 32 , 4528 Zuchwil SO.
T: 032 685 32 82 . F: 032 685 33 82. MOB: 079 656 05 49
agnfs@notfallseelsorge.ch www.notfallseelsorge.ch

Care Team und Notfallseelsorge (Checkliste, Fragen)

Die folgende Fragenliste entstand in Zusammenarbeit mit Verantwortlichen von Notfallseelsorge und Care Team:

Symbole, Kleidung: Woran erkennen wir die Religionszugehörigkeit?

Durch die Angabe der allenfalls typischen Kleidung sowie von Symbolen und weiteren Gegenständen soll die Zugehörigkeit zu einer bestimmten Religionsgemeinschaft erleichtert werden. Leider ist eine klare Zuordnung alles andere als einfach. So ist nicht einmal auf Grund der ethnischen Zugehörigkeit auf die Religion zu schliessen. Zum Beispiel ist die Gleichung «Tamile=Hindu» oft falsch, weil bis zu 30% der Menschen von Sri Lanka in der Schweiz einer anderen Religion angehören.

Was tun mit Sterbenden?

Sterbende sollten wenn möglich nicht allein gelassen werden. Nach der Alarmierung der Einsatzkräfte und dem Einsatz lebensrettender Massnahmen ist das Dasein als Mensch wichtig: Ruhe bewahren, mit vertrauenerweckender Stimme ab und zu beruhigende Worte sprechen, eventuell die Hand halten, um Angst abzubauen. Das Gehör ist der letzte Sinn, der beim Menschen bis zum Schluss vorhanden ist. Darum ist es unerlässlich, in der näheren Umgebung des Sterbenden eine würdige Atmosphäre zu schaffen. Einsatzbesprechungen gehören hier nicht hin! Normalerweise sollten keine Rituale durchgeführt werden, ausser wir geben es im Text explizit an. Stattdessen sollte mit den angegebenen Personen oder der Religionsgemeinschaft Kontakt aufgenommen werden.

Begleitung der Familie?
Die Grundbedürfnisse des Menschen sind religions- und kulturübergreifend. Das Bedürfnis nach Essen, Trinken, Wärme, Schutz sowie menschlicher Zuwendung sind weltweit bei Menschen in Krisensituationen sehr ähnlich vorhanden. Ihnen sollte, wenn möglich, Rechnung getragen werden. Nahezu immer wird auf die Religionsgemeinschaft verwiesen.

Rituale: Wer wird dafür gerufen?
Siehe «Was tun mit Sterbenden?».
Grundsätzlich gilt: Sparsam mit Ritualen! Ganz bei den Menschen sein.

Triage: Wohin soll die Leiche gebracht werden?
Wenn bei einem Unfall (oder Ereignis wie Flugzeugabsturz, Bahnunglück etc.) die Leiche polizeilich freigegeben ist, können die Angehörigen oder die Religionsgemeinschaft bestimmen, wohin sie gebracht werden soll.
Falls die Leiche nicht freigegeben wird, wird sie von Amtes wegen in die Gerichtsmedizin gebracht. Erst nach der Freigabe können die genannten Wünsche berücksichtigt werden. Allerdings ist es heute durchaus möglich, dass Angehörige ihre Verstorbenen direkt in der Gerichtsmedizin aufsuchen. Die rasche Begegnung mit dem Toten hilft, den Trauerprozess in Gang zu setzen. Notfallseelsorgende sind dafür ausgebildet, Familien in die Gerichtsmedizin zu begleiten, sofern diese es wünschen.

Was tun, wenn keine Angehörigen zu erreichen sind oder keine vorhanden sind (Beispiel: Tourist)?

Diese Frage war nicht zu beantworten. Wenn die Religionszugehörigkeit einigermassen sicher zu bestimmen ist, sollte in der Regel die nächste Gemeinde dieser Religionsgemeinschaft informiert werden. Würde und Achtung sind dem Verstorbenen in jeder Situation entgegenzubringen. Sollten später doch noch Angehörige auftreten, so ist es für sie häufig von grosser Bedeutung und tröstend, wenn sie erfahren, dass der Tote würdevoll behandelt wurde (zum Beispiel vor Medien und Gaffern geschützt, zugedeckt, ausgesegnet, Wertgegenstände gesichert, …).

Was tun bei Suizid?

Bei dieser Frage konnten wir grundsätzlich die gleiche Hilflosigkeit feststellen, wie wir sie fast überall antreffen. Der Grundtenor ist übereinstimmend: Suizid darf es aus religiösen Gründen nicht geben, wenn er aber doch geschieht, soll aus Pietätsgründen und aus Rücksicht gegenüber den Hinterbliebenen kein Unterschied zu einem gewöhnlichen Todesfall gemacht werden. Besondere Priorität erhält aber dennoch der Schutz der Leiche sowie der Angehörigen vor Medien und Gaffern. Im Ausnahmezustand stehen Angehörige in der Gefahr, unüberlegt Dinge zu sagen, die sie später bereuen. Aus diesem Grunde ist es besonders wichtig, alle Betroffenen vor zu viel Öffentlichkeit zu schützen.

PATIENTENVERFÜGUNG

Ein Patient oder eine Patientin hat grundsätzlich das Recht, jede medizinische und pflegerische Massnahme abzulehnen. Allerdings muss beachtet werden, dass eine Patientenverfügung aktuell in verschiedenen Kantonen verbindlich ist, in Basel beispielsweise nicht. Die Verbindlichkeit ist erst ab 2013 im neuen Erwachsenenschutzrecht festgeschrieben.

Eine Patientenverfügung ist ein Dokument, das sicherstellt, dass der eigene Wille in Bezug auf medizinische und pflegerische Massnahmen auch dann befolgt wird, wenn man aufgrund eines Unfalls, Krankheit oder Alterserscheinungen nicht mehr selbst urteils- und entscheidungsfähig ist oder sich nicht mehr mitteilen kann. Sie erlaubt eine Behandlung im Sinne des Patienten und entlastet somit auch Angehörige und Pflegende.

Die Patientin oder der Patient legt fest, welche Massnahmen sie oder er will und welche nicht. Dies schliesst Themen ein wie die Linderung von Schmerzen und anderen Symptomen, die Nahrungs- und Flüssigkeitszufuhr und andere lebensverlängernde Massnahmen sowie die Wiederbelebung. Ebenso kann festgehalten werden, ob und durch wen man begleitet wird, wo man sterben möchte und welches die Wünsche nach dem Tod sind. Die Patientenverfügung wird erst dann wirksam, wenn ein Patient nicht mehr urteils- und entscheidungsfähig ist.

Eine Patientenverfügung muss datiert und unterschrieben werden, um gültig zu sein. Die rechtliche Gültigkeit der Patientenverfügung ist nicht befristet. Es wird aber empfohlen, sie in einem Abstand von 2 Jahren neu zu überprüfen und gegebenenfalls anzupassen respektive neu zu formulieren.

Ein Widerruf der ganzen Patientenverfügung oder einzelner Teile davon sowie Änderungen und Ergänzungen sind jederzeit möglich. Sie sollten von Hand datiert und unterschrieben werden. Im Falle eines Widerrufs geschieht dies am besten durch Aufsetzen einer neuen Patientenverfügung unter Vernichtung der alten.
Wünsche wie aktive Sterbehilfe (zum Beispiel durch das Setzen einer tödlichen Spritze) sind ungültig!
Das Dokument zur Patientenverfügung gibt es in einer Vielzahl von Varianten, die bei verschiedenen kantonalen Pflegeeinrichtungen erhältlich sind. Eine Patientenverfügung muss eigenhändig und persönlich verfasst werden, und zwar in urteilsfähigem Zustand. Niemand darf stellvertretend für einen anderen Menschen eine Patientenverfügung erstellen. Sie muss formellen Kriterien entsprechen: Name, Vorname, Geburtsdatum und Wohnort des Ausstellers müssen aufgeführt sein. Sie sollte gut lesbar sein. Sie muss datiert und unterschrieben sein und sie sollte regelmässig aktualisiert werden. Neuerungen müssen datiert werden.

Verschiedene Patientenverfügungen

Es gibt unzählige Patientenverfügungen. Die meisten sind religionsneutral und ideologiefrei und können zum grossen Teil im Internet gratis herunter geladen werden. Herausgeber sind zum Beispiel die medizinische Gesellschaft Basel, die Verbindung der Schweizer Ärztinnen und Ärzte, Dialog Ethik, Dachverband der Schweizerischen Patientenstellen, Voluntas (GGG). Einzelne Patientenverfügungen richten sich an eine ganz bestimmte Zielgruppe. So zum Beispiel die schweizerische Stiftung Pro Mente Sana. Sie setzt sich für die Anliegen und Interessen psychisch kranker und psychisch behinderter Men-

schen ein. Diese Patientenverfügung ist eine Verfügung über die erlaubten oder unerwünschten Behandlungen in einer psychiatrischen Klinik. Die Krebsliga Schweiz bietet eine Patientenverfügung nach der Diagnose Krebs an.
Exit ist eine Organisation mit über 50'000 Mitgliedern. Sie hilft den Mitgliedern bei der Durchsetzung ihres in der Patientenverfügung formulierten Willens. Ausserdem bietet Exit die Freitodbegleitung an.
Dignitas bietet Sterbehilfe an unter dem Slogan «Menschenwürdig leben, Menschenwürdig sterben». Dignitas wird zwiespältig beurteilt, weil mit ihrem Angebot ein eigentlicher Sterbetourismus angeheizt würde, wie von verschiedener Seite kritisiert wird.
In mehreren Patientenverfügungen besteht die Möglichkeit, religiöse Wünsche im weitesten Sinn anzugeben. Zum Beispiel gibt es Rubriken: Seelsorgerische / Religiöse Begleitung durch Seelsorger oder Seelsorgerin. Religiöser Beistand. Ich möchte das Sakrament der Krankensalbung empfangen. Gestaltung der Bestattungsfeier.

Es gibt auch einzelne christliche Patientenverfügungen. Unter dem Titel «Christliche Patientenvorsorge» hat die Deutsche Bischofskonferenz und der Rat der Evangelischen Kirche in Deutschland in Verbindung mit weiteren Mitglieds- und Gastkirchen der Arbeitsgemeinschaft Christlicher Kirchen in Deutschland eine Handreichung und Formular heraus gegeben.
Patientenverfügungen, die explizit auf die jüdischen, islamischen oder andersreligiösen Bedürfnisse eingehen, sind uns bis jetzt nicht bekannt.
Die Freidenker-Vereinigung der Schweiz hat mit ihrem «Patienten-Testament» die wohl kürzeste Patientenverfügung.

STERBEHILFE UND BEIHILFE ZUR SELBSTTÖTUNG

Bei der Sterbehilfe gibt es verschiedene Abstufungen von passiver über aktive Sterbehilfe bis zur Beihilfe zur Selbsttötung. Nicht immer sind die Grenzen klar. Darum soll eine kleine Begriffsübersicht der Klarheit dienen.

Palliativmedizin, Palliative Care

Palliative Care beschreibt einen ganzheitlichen pflegerischen Ansatz, der Massnahmen ergreift, um die Verbesserung der Lebensqualität von Pflegebedürftigen mit unheilbaren, lebensbedrohlichen oder terminalen Erkrankungen, also solchen, die zum Tod führen, und deren Angehörigen zu erreichen. Krankheitsbedingte Schmerzen und Beschwerden sowie psychische Belastungen sollen so weit wie möglich gemildert werden; nebst den physischen werden also auch die psychischen, sozialen und spirituellen Bedürfnisse des Patienten wie auch der Angehörigen und des Behandlungsteams beachtet.

Palliativpflege muss aber das Selbstbestimmungsrecht des Kranken achten, das heisst, sein Recht auf Verweigerung der Behandlung und das Recht zu sterben.

Palliativpflege will nicht die Verlängerung der Lebenszeit um jeden Preis, sondern mehr Lebensqualität schaffen. Der Grundsatz «high person, low technology» zeigt, dass das Menschliche in den Vordergrund, das medizinisch (eventuell mit viel technischem Aufwand) Machbare in den Hintergrund tritt.

Zu den Palliative Care Teams gehören nebst Ärzten und Ärztinnen, Seelsorgerinnen und Seelsorgern, verschiedenen Therapeuten und Therapeutinnen auch freiwillige Helferinnen und Helfer.

Passive Sterbehilfe
Passive Sterbehilfe meint den Verzicht auf lebensverlängernde Massnahmen bei Todkranken und Sterbenden. Dies kann beinhalten: ein Nichtverordnen oder Absetzen von Medikamenten sowie ein Unterlassen von technischen Massnahmen, zum Beispiel Sauerstoff, künstliche Beatmung, Bluttransfusionen, Hämodialyse oder künstlicher Ernährung. Sie ist, wenn vom Patienten und/ oder den Angehörigen gewünscht, erlaubt.

Indirekt aktive Sterbehilfe
Indirekt aktive Sterbehilfe bedeutet das Inkaufnehmen einer indirekten Lebensverkürzung durch Medikamente, die zur Linderung von Schmerz oder Angst verabreicht werden, und deren Nebenwirkungen. Sie ist, wenn vom Patienten und/oder den Angehörigen gewünscht, erlaubt.

Aktive Sterbehilfe
Aktive Sterbehilfe meint gezielte Lebensverkürzung durch Tötung auf Verlangen des Patienten durch eine Drittperson und ist strafbar.

Unterlassen von Nothilfe
Unterlassung von Nothilfe bedeutet den Verzicht auf Hilfeleistung bei einem schwer verletzten, in Lebensgefahr schwebenden Menschen. Sie ist strafbar.

Beihilfe zur Selbsttötung

Beihilfe zur Selbsttötung meint die Selbsttötung von Patienten durch deren eigene Handlung, wobei vorbereitende und unterstützende Handlungen von dritter Seite getroffen werden, diese Dritten jedoch beim eigentlichen Tötungsakt nicht mitwirken. Wenn diese Hilfeleistung «aus selbstsüchtigen Beweggründen» erfolgt, ist sie nach Artikel 115 StGB strafbar. «Selbstsüchtige Beweggründe» können sein: wenn die Täterin oder der Täter überwiegend die Befriedigung eigener materieller Bedürfnisse anstrebt (Gewinnsucht), den Antritt eines Erbes, die Ausplünderung des Suizidanten oder die Entlastung von einer Unterhaltspflicht. Sie können aber auch in immateriellen oder affektiven Vorteilen liegen, wie die Befreiung von einer verhassten Person, Rache, Bosheit, aber auch Forschungsinteresse, Geltungsdrang und Streben nach Publizität für die Sache der Suizidhilfe und für sich selbst.

Liegen keine «selbstsüchtigen Beweggründe» vor, ist Suizidbeihilfe in der Schweiz legal. Bedingung ist jedoch, dass der sterbewillige Mensch sich das letale Mittel – bei Schweizer Sterbehilfeorganisationen ein bestimmtes, hochdosiertes Schlafmittel – auf irgendeine Art und Weise selbst zuführen kann, sei es durch Schlucken, Öffnen eines Infusionshahnes, Bedienung einer Spritze oder einer daran angebrachten Fernbedienung. Die Tatherrschaft für den letzten Schritt muss also im Sinne einer eigenverantwortlichen Handlung bei der sterbewilligen Person liegen.

Sterbehilfe und Religion
Aktive Sterbehilfe, Suizid oder Beihilfe zum Suizid werden von keiner der erwähnten Religionen gutgeheissen. Aus Sicht der christlichen, jüdischen und islamischen Theologie hat der Mensch als Geschöpf Gottes seinen Todeszeitpunkt nicht selbst zu bestimmen und sollte das Gebot, nicht zu töten, auch in Bezug auf sich selbst nicht brechen. Andere Religionen lehnen ebenso die aktive Sterbehilfe und den Suizid ab.

Erlaubt sind hingegen, je nach Ermessen und Gewissen des Gläubigen oder seiner Angehörigen, passive und indirekte Sterbehilfe und natürlich Palliativmedizin in Anspruch zu nehmen.

Näheres wird bei den entsprechenden Religionsgemeinschaften beschrieben.

BESTATTUNGSARTEN

Es gibt viele verschiedene Möglichkeiten von Erd- oder Feuerbestattung in der Schweiz. Anbei ein kurzer Überblick. Zu beachten ist, dass die öffentlichen Friedhöfe heute vorwiegend religionsneutral sind.

Erdbestattung
Bei der Erdbestattung erfolgt die Beisetzung in einem Sarg aus verrottbarem Material, meist aus Holz. Die Ruhezeiten sind unterschiedlich, meistens aber 20 – 25 Jahre.

Reihengrab
Das sogenannte Reihengrab bildet den Normfall. Reihengräber werden von der Friedhofsverwaltung zugeteilt, pro Grab wird in der Regel eine Person beigesetzt.

Familiengrab
In reservierbaren und kostenpflichtigen Familiengräbern werden mehrere Särge über- und/oder nebeneinander beigesetzt. Familiengräber können für eine längere Laufzeit gemietet respektive der Vertrag kann verlängert werden. «Familiengräber» sind auch für Gemeinschaften (zum Beispiel Kloster) möglich.

Rasengrab
Rasengräber sind angelegte Rasenflächen, auf denen Grabstellen markiert, aber nicht weiter bepflanzt respektive verziert sind. Je nachdem kann ein Grabstein aufgestellt werden, manchmal sind einheitliche Gedenksteine angebracht oder eine zentrale Gedenktafel, auf der die

Namen aller Bestatteten aufgeführt sind. Sowohl Särge als auch Urnen können beigesetzt werden.

Feuerbestattung

Eine Feuerbestattung ist die Einäscherung des Verstorbenen in einem Holzsarg. Die Asche muss in der Schweiz nicht zwingend auf dem Friedhof bestattet werden, sondern kann auch nach Hause genommen oder in der Natur verstreut werden (örtliche Regelungen sind zu beachten). Als Aufbewahrungsbehälter dient eine Urne.
Urnen können auch in einem bestehenden Erdgrab beigesetzt werden, was dann sinnvoll ist, wenn kein Familiengrab besteht, aber Familienangehörige doch im gleichen Grab beigesetzt werden sollen.

Urnen-Reihengräber

In Urnen-Reihengräbern wird die Urne, gleich wie bei einem Sarg, in einem Erdgrab beigesetzt. Einzelgräber sind meist mit einem Gedenkstein versehen.

Gemeinschaftsgräber

Es gibt auch anonyme Urnengräber. In Urnen-Gemeinschaftsgräbern wird die Asche mehrerer Verstorbener im selben Grab erdbestattet, mancherorts mit, mancherorts ohne Urne. Eine Bepflanzung der Grabstelle ist normalerweise nicht möglich. Manche Urnen-Gemeinschaftsgräber verfügen über eine Namenstafel mit den Namen der Bestatteten, manchmal erhält auch jeder Verstorbene eine gesonderte Tafel.

Urnen-Wiesengrab, Urnen-Haingrab

Manche Friedhöfe verfügen über spezielle Haine oder Wiesen, wo Urnen bestattet werden.

Urnenwand, Urnennische
Die Urnen werden in eine Nischenwand gestellt.

Kolumbarium
Das Kolumbarium ist eine antike Bestattungsform für Urnen, wobei diese in mit einer Platte verschlossenen Mauernischen oder, seltener, als freistehende Schmuckurnen beigesetzt werden. Kolumbarien gibt es noch vereinzelt auf Friedhöfen.

Besonderes
Kindergräber
Viele Friedhöfe verfügen über spezielle Areale, wo Kinder beigesetzt werden. Totgeborene Kinder können in Reihen- oder Gemeinschaftsgräbern bestattet werden.

Friedwald
Mancherorts sind – auf privat angelegten Friedwäldern oder städtischen Waldparzellen – sogenannte Baumbestattungen möglich. Dabei wird die Asche des Verstorbenen im Wurzelbereich eines Baumes beigesetzt. Wenn eine Urne verwendet wird, dann aus schnell zersetzbarem Material. Oft ist eine Namensnennung nicht möglich. Die Angehörigen wissen aber auf jeden Fall, bei welchem Baum der Verstorbene die letzte Ruhe gefunden hat. Manchmal sind baumbepflanzte Areale in Friedhöfe integriert, die eine ähnliche Bestattungsart ermöglichen.

Bestattungen in Gewässern
Normalerweise wird die Asche direkt ins Wasser gestreut. Dazu ist eine Bewilligung nötig. Als Gewässer kommt nur ein Fluss in Frage, Seen, Weiher und kleine Bäche sind ausgeschlossen.

Diamantbestattung

Eine besondere Bestattungsart ist die sogenannte Diamantbestattung. Durch ein aufwändiges Verfahren wird aus der Asche des Verstorbenen ein Diamant hergestellt. Er kann nach Wunsch der Angehörigen eingefärbt werden.

Bestattungen der verschiedenen Religionen
Christentum

Die heutigen Friedhöfe stammen zum grossen Teil noch aus einer Zeit, da die Schweiz vorwiegend christlich war. Dies ist unter anderem daran ersichtlich, dass in den Dörfern die Friedhöfe bei den Kirchen sind und bei städtischen Friedhöfen eine christliche Friedhofskapelle steht.

Alle Angehörigen der vielen Kirchen, Freikirchen und Gemeinschaften werden auf öffentlichen Friedhöfen bestattet. Abdankungen und Trauerfeiern finden in den zugehörigen Friedhofskapellen oder jeweils in deren eigenen Kirchen oder Gemeindehäusern statt.

Auf diesen Friedhöfen können grundsätzlich alle Verstorbenen ungeachtet ihrer Religionszugehörigkeit bestattet werden. Davon machen zum Beispiel auch Bahá'í Gebrauch.

Judentum

Für jüdische Verstorbene gilt zwingend die ewige Grabesruhe. Aufgrund der gesetzlichen Vorgaben ist dies nur auf einem eigenen jüdischen Friedhof möglich. In der Schweiz gibt es über 25 jüdische Friedhöfe, so zum Beispiel in Basel, Bern, Biel, Davos, in Zürich sogar mehrere. Diese Friedhöfe sind nach den jüdischen Religionsgesetzen errichtet. So gibt es meistens auch eine Anlage für die Tahara, die rituelle Waschung der Verstorbenen und eine Abdankungshalle.

Islam

Die Situation für Muslime ist speziell. Immer noch werden die meisten Verstorbenen in ihr (ehemaliges) Heimatland zurück gebracht und dort auf einem islamischen Friedhof bestattet. Theoretisch kennen Muslime auch die ewige Grabesruhe, aber in der Praxis ist unter Einhaltung bestimmter Bedingungen eine weitere Bestattung im selben Grab möglich. Wichtig ist es, dass für Muslime ein eigenes Grabfeld besteht, in dem die Ausrichtung der Gräber nach ihren Vorschriften möglich ist. Die Verstorbenen werden in einer Grabnische auf die rechte Seite gelegt mit dem Gesicht in Richtung Mekka. Ausserdem benötigen Muslime eine Möglichkeit, um die Leichenwaschung durchzuführen. In einzelnen Friedhöfen ist sie gegeben, so zum Beispiel in Basel. Auf dem Friedhof am Hörnli gibt es ausserdem eine neutrale Halle, in der ein Totengebet stattfinden kann, wenn dieses nicht sowieso auf dem Grabfeld gehalten wird.

In mehreren Schweizer Städten gibt es bereits oder sind separate islamische Grabfelder geplant: Basel, Bern, Biel, Genf, Köniz, Küsnacht, Liestal, La Chaux-de-Fonds, Lugano, Luzern, St. Gallen, Thun, Winterthur, Zürich. Die Tendenz ist zunehmend.

Hinduismus, Sikh

Diese aus Indien stammenden Religionen haben trotz der grossen Unterschiede gemeinsam, dass sie keinen Friedhof benötigen. Die Toten werden kremiert, die Asche in einen Fluss gestreut. Die kleinen Ausnahmen – Bestattungen auf einem Friedhof – bestätigen die Regel.

Buddhismus

Auch die Angehörigen dieser Religion benötigen keinen Friedhof. Entweder wird die Asche in einen Fluss gestreut oder die Urne in einer Urnenwand bei einem buddhistischen Tempel beigesetzt, so zum Beispiel im Wat Srinagarindravararam im solothurnischen Gretzenbach.

RELIGIONEN

ALEVITEN

Grundlagen

Das Alevitentum ist eine eigenständige Glaubensgemeinschaft, die in Anatolien ihre Heimat hat. Die Aleviten bilden mit 20 bis 30% der Bevölkerung nach den sunnitischen Muslimen die grösste Religionsgruppe in der Türkei. Zu den Aleviten gehören Bevölkerungsgruppen türkischer und kurdischer Herkunft. Über die Ursprünge gibt es verschiedene Theorien. Solche, die die vorislamischen und die sufistischen Wurzeln betonen, solche die sich als die wahren Alevi-Muslime bezeichnen und solche, die das Alevitentum als späte schiitische Abspaltung definieren. Die Glaubensvorstellungen und der gelebte Glaube der verschiedenen Gruppen weichen nur unwesentlich voneinander ab. In der Schweiz leben zwischen 30'000 und 40'000 Alevitinnen und Aleviten.

Die alevitische Glaubensauffassung, der alevitische Weg wird vor allem mündlich durch Lieder und Gedichte gelehrt und weiter gegeben. Der Koran ist nur eines von mehreren heiligen Büchern. Der Koran ist für Aleviten kein Gesetzbuch, sondern die Niederschrift von Offenbarungen, die kritisch gelesen werden dürfen.

Aus sunnitischer Sicht werden Aleviten meistens als Abgefallene behandelt, weil sie die Scharia nicht anerkennen. Von den «5 Säulen» des Islam (siehe dazu im Kapitel «Islam») kennen sie nur das Glaubensbekenntnis und dies mit einem Zusatz:

«Es gibt keinen anderen Gott ausser Allah, Mohammed ist sein Prophet und Ali sein Freund».

Kurzform: «Ya Allah, ya Muhammed, ya Ali.»

Die Gemeinschaft trifft sich zu den jährlichen Cem-Versammlungen, bei denen Semah (kultischer Tanz; Gottes-

lob, das mit dem Körper ausgedrückt wird), Musik und religiöse Erzählungen im Vordergrund stehen. Traditionell halten sie ihre Cem-Gottesdienste in grösseren Räumen und Sälen ab. Seit etwa 20 Jahren gibt es in ein paar Vereinen auch die Möglichkeit, in eigenen Räumen, Cem-Evi genannt, die Cem-Gottesdienste dort abzuhalten.
Jede Alevitin und jeder Alevit betet dann und dort, wo er oder sie will auf eine Art, wie es ihm oder ihr entspricht. Alevitinnen und Aleviten fasten nicht im islamischen Monat Ramadan, sondern halten während 12 Tagen das sogenannte Muharrem-Fasten.
Die alevitische Glaubenslehre geht davon aus, dass der Mensch selbst Gut und Böse erkennen kann. Der Mensch ist selber für die Führung seines Lebens verantwortlich. Die Vermehrung des Wissens und die Anwendung der Vernunft sind zentral. Jeder Mensch ist eine Schöpfung Gottes. Vom Beginn der Menschheitsgeschichte an gab es Leitpersonen.
In der alevitischen Lehre gibt es ein Verständnis von den 4 Pforten und 40 Ebenen des Menschen. Hier wird der Weg zum vollkommenen Menschen beschrieben. Nach alevitischer Lehre sind Mohammed und Ali solche «vollkommenen Menschen». Ali gilt als Nachfolger, Freund und Vertrauter Mohammeds, gleichzeitig ist er auch sein Cousin und Schwiegersohn. Ali ist einer der zwölf Imame, die auch von den Schiiten verehrt werden. Ali, wie ihn die Aleviten sehen, hat jedoch wenig mit dem historischen Ali zu tun.
Es gibt aber noch mehr Leitfiguren, so zum Beispiel Haci Bektasch Veli, der im 13. Jahrhundert lebte und lehrte. Haci Bektasch Veli ist so wichtig, dass sich viele Aleviten als «Aleviten-Bektaschiten» verstehen. Im 16. Jahrhundert folgte Pir Sultan Abdal, einer der bedeutendsten

Dichter der Aleviten.

Die Dedes und Pirs sind die spirituellen Lehrer, die Anas die spirituellen Lehrerinnen und erfüllen mannigfaltige Aufgaben. Ein alevitischer Geistlicher ist aber nur bedingt mit einem christlichen Pfarrer vergleichbar.

Die Aleviten haben den Grundsatz, alle Menschen als gleich anzusehen. Alevitische Frauen sind den Männern gleichgestellt.

Die Aleviten sind weltoffene Menschen und tolerieren auch andere Glaubensrichtungen, sofern diese ihre eigenen Ansichten den anderen nicht aufzwingen. So haben Aleviten zu anderen Religionen und Ideologien ein offenes Verhältnis. Die Aleviten lehnen Gewalt, Hass und Missionierung ab.

Aleviten befürworten die Trennung von Religion und Staat. Toleranz und Humanität stehen im Mittelpunkt ihres Denkens.

Gott spiegelt sich in allem wieder, im Mensch, in der Natur. Die Beziehung zu Gott ist eine liebevolle Beziehung. Der Mensch ist ein eigenverantwortliches Wesen.Gott ist die Wahrheit und die absolute Liebe. Gott straft nicht. Das wichtigste Gebet ist der Dienst am Mitmensch. Das Herz und der Verstand sind Leitplanken auf dem Weg, ein vollkommener Mensch zu werden. Toleranz und Menschenliebe sind im alevitischen Glauben und Handeln zentrale Werte. Selbsterkenntnis ist Gotteserkenntnis.

Weggemeinschaft und Kindespatenschaft

Zwei Ehepaare schliessen eine lebenslange Geschwisterschaft (Musahiplik)[2] und verpflichten sich damit zur gegenseitigen Hilfe. Diese Weggemeinschaft umfasst alle Bereiche des Lebens. Die als «Musahip» zusammenkommenden Paare werden zu Brüdern und Schwestern.

Der Brauch der Kindespatenschaft wird auch gepflegt. Vor der Beschneidung des Knaben sucht sich dessen Familie eine andere Familie, welche sie sehr gut kennt, aus. Diese beiden Familien werden zu «Kirve». Damit gehen sie eine Partnerschaft ein, die bei Bedarf jegliche Hilfe und Schutz gewährt.
Die Bedeutung von Weggemeinschaft und Kindespatenschaft darf nicht unterschätzt werden. So gilt zwischen Kindern dieser beiden Familien ein Eheverbot.
Darüber hinaus ist die gelebte Gemeinschaft sehr bedeutend: „Ohne Liebe braucht man keinen Glauben."

Jenseitsvorstellungen

Aleviten glauben an eine Wiedergeburt. Der Tod wird in den ewigen Kreislauf des Seins einbezogen. Der Mensch stirbt zwar, aber nur als blosse körperliche Existenz. Die Seele des Menschen stirbt nicht, sondern geht zu Gott, bis sie nach einer angemessenen Zeit eine andere Gestalt, einen anderen Körper, eine andere körperliche Existenz annimmt (Seelenwanderung). Dieser Kreislauf dauert so lange, bis die Seele die Vervollkommnung erreicht.[3]
So sagen die Aleviten wenn jemand stirbt: „Hakka Yürümek" was bedeutet zu „Gott gehen".

Symbole und Kleidung

Die Aleviten fallen in unserer modernen Gesellschaft nicht auf, da sie sehr anpassungsfähig sind. Sie tragen, ausser zu seltenen Gelegenheiten (Cem-Gottesdienst, beim Semah: ritueller Tanz) keine spezielle Kleidung. Auch im Cem ist das Tragen eines gebundenen Kopftuches freiwillig.
Verschiedene Zeichen, Bilder und Symbole finden Verwendung als Anstecker, Halskette oder Schlüsselanhän-

ger. So zum Beispiel das Schwert des Ali (Bild 204), die Friedenstaube (Bild 201), das Saiteninstrument Saz (Bild 320), Bilder von Ali (Bild 318, 319, 321), Haci Bektasch Veli (Bild 202 + 321) oder Pir Sultan Abdal mit Saz (Bild 203).

Pflegerelevante Themen

Unglück und Krankheit sind entweder „Unglück, Zufall", wissenschaftlich erklärbar oder von Menschen verursacht. Wissen und Vernunft, sprich auch die wissenschaftliche Erklärung von Krankheiten, sind den Aleviten wichtig. Gott straft nicht, deshalb ist Krankheit auch nicht eine Strafe Gottes.

Rituale

In Not und Unglück rufen die Menschen Hizir an. Hizir ist für Aleviten ein Prophet und eine Art Gottesfreund. Er kommt Menschen in der Not wie ein rettender Engel zu Hilfe. Er wird als weissbärtiger Mann auf einem Schimmel gesehen. Hizir nimmt einen grossen Platz im Alltag der Aleviten ein.

Die Aleviten besuchen in ihrer Heimat heilige Orte, wo sie ihre Bittrituale abhalten. Es wird eventuell ein Tier geopfert, Speisen und Geld werden an Arme verteilt.

Bei Krankheit wie auch nach dem Tod werden die Menschen von Angehörigen, Freunden und Bekannten besucht. So haben die Aleviten im Spital meist mehr Besuch als andere Patientinnen und Patienten.

Körperpflege

Hier ist nichts Spezielles zu beachten, ausser dem kulturell bedingten Schamgefühl.

Kleidung
Hier gibt es keine speziellen Vorschriften.

Nahrungsvorschriften
Aleviten essen kein Kaninchenfleisch und viele meiden Schweinefleisch.
Alkohol geniessen die Aleviten wie Westeuropäer.

Geschlechterbeziehung
Mann und Frau sind einander aufgrund der alevitischen Lehre gleichgestellt. Kulturell bedingt ziehen es die meisten alevitischen Frauen vor, von Frauen und Männer von Männern gepflegt zu werden, ausser wenn es sich um Eheleute handelt, welche die Pflege übernehmen.

Haltung gegenüber der modernen Medizin
Moderne Medizin, basierend auf wissenschaftlichen Erkenntnissen, wird honoriert und akzeptiert und ist gewünscht. Bluttransfusion ist möglich und erwünscht. Da für Alevitinnen und Aleviten das wichtigste Gebot der Dienst am Mitmenschen ist, ist eine Organspende möglich und erwünscht. Es ist aber ein individueller Entscheid.

Sterben und Tod
Sterbenden soll möglichst viel Erleichterung und Schmerzfreiheit verschafft werden. Sie sollen begleitet, getröstet und berührt werden. Es kann über die Seele, die zu Gott geht, geredet werden, von der Liebe Gottes, die sich in allem zeigt und alle begleitet.
Ein Dede kann beigezogen werden für Gebete.
Sterbende werden nie allein gelassen. Es sollten möglichst anwesend sein, in der Reihenfolge:

1. *Enge Familie, Musahip und Kirve*
2. *Weitere Verwandte*
3. *Freunde und Bekannte*

Sterbehilfe

Jede Person ist für sich selber verantwortlich, solange sie bei Bewusstsein ist. Ansonsten dürften die Aleviten sich den Ratschlägen der Ärzte anschliessen. Unnötige lebensverlängernde Massnahmen dürften die Aleviten wohl ablehnen.

Suizid

Der Suizid wird abgelehnt. Die Menschen, die diesen Weg gewählt haben, werden jedoch nach den gleichen Ritualen beerdigt. Bei den Aleviten gibt es kein Sterben für den Glauben. Der Selbstmord auf einem angeblichen „Gottesweg" auf Kosten anderer Menschen gilt bei Aleviten als Ungehorsamkeit gegenüber Gott und als schwerste Sünde.

Sofortmassnahmen bei Eintritt des Todes

Wenn die Seele den Körper verlassen hat, sind folgende Handlungen zu tun:
- *Die Augen werden von einer Person, die bei dem Verstorbenen ist, mit dem Satz «Allah, Muhammet, ya Ali» geschlossen. (Frei übersetzt: Nennung von Gott und seinen Propheten)*
- *Das Kinn wird mit einem sauberen Tuch hoch gebunden.*
- *Die Kleidung wird dem Verstorbenen ausgezogen und er wird auf den Rücken auf das Bett gelegt.*
- *Die Arme werden gerade und seitlich des Leichnams gelegt.*

- *Die Füsse werden ausgestreckt und gerade gelegt.*
- *Die grossen Zehen werden zusammengebunden.*
- *Der Leichnam wird mit einem Tuch zugedeckt.*
- *Je nach Tradition werden hier schon Gebete durchgeführt.*

Wenn eine Autopsie empfohlen wird, so werden die Aleviten dies akzeptieren.

Bestattung und vorbereitende Handlungen

Gemäss alevitischer Regel ist die Erdbestattung vorgeschrieben. Jede Person ist jedoch frei, für sich die Kremation zu verlangen, wenn dies auch ungewöhnlich ist.

Es gibt keine Unterschiede zwischen den Geschlechtern. Für die Kindsbestattung und Frühgeburten gelten die gleichen Regeln wie für Erwachsene. Es gibt keine bestimmten Rituale für Frühgeburten.

In der ersten Generation ist die Repatriierung in die Türkei nach wie vor die Regel. Es wird gemäss dem Wunsch der Verstorbenen gehandelt.

Es gibt alevitische Beerdigungskollektive, bei denen man mit jährlichem Beitrag Mitglied sein kann. Diese organisieren dann die ganze Rückführung.

Falls der oder die Verstorbene keinem Beerdigungskollektiv angehören sollte, wird dem oder der Verstorbenen die letzte Ehre erwiesen, indem die Gemeinschaft das nötige Geld für die Rückführung in das Heimatland aufbringt.

Wie wird die Leiche hergerichtet?

Die Leiche wird nach einem speziellen Ritual entweder von darin geschulten Personen (eine Frau für Frauen oder ein Mann für Männer) oder, wenn diese nicht vorhanden sind, von den Verwandten gemischtgeschlechtlich gewaschen. Dieses Waschungs-Ritual ist wichtig. In der

Schweiz gibt es wenige dafür vorgesehene Orte. Zum Teil sind bei den städtischen Friedhöfen Räume für die Waschung vorhanden, in denen dieses Ritual entsprechend ausgeübt werden kann.

1. *Vor der Waschung werden alle Utensilien vorbereitet, dies sind: Zwei Seifen, zwei Waschschwämme, evtl. 1x Rasierer, grosse und kleine Handtücher, ein Becher, ein oder nach Bedarf mehrere Eimer.*
2. *Die Leichentücher, in die die Person nach der Wäsche eingewickelt wird, bestehen aus einem weissen Tuch am Stück, woraus für die Frau fünf und für den Mann drei Teile (Kefen) zugeschnitten werden.*
3. *Vor der Waschung wird ein Gebet gesprochen.*
4. *Der Leichnam wird zuerst im Intimbereich, danach vom Kopf bis zu den Füssen gründlich gewaschen.*
5. *Nach der Waschung haben die Familienangehörigen sowie enge Freunde die Möglichkeit, mit einem Becher vom Kopf Richtung Füsse „Abschieds-Wasser" über den Leichnam zu giessen.*
6. *Der Leichnam wird mit den Handtüchern abgetrocknet.*
7. *Die Leichentücher (Kefen) werden in den Sarg gelegt. Der Leichnam wird danach im Sarg in die Kefen eingewickelt.*
8. *Der Sarg kommt dann an einen geeigneten Platz, an dem die Familie und Freunde den Anwesenden einige Gedanken über den Verstorbenen mitteilen können.*
9. *Dann ergreift der Dede oder eine Person, die die Zeremonie des Gebetes kennt, das Wort: Es wird um eine Gedenkminute und eine Haltung des Respekts für den Verstorbenen gebeten.*
10. *Anschliessend wird das Abschiedsgebet gesprochen.*

11. Alle Anwesenden werden dreimal gefragt, ob sie dem Verstorbenen vergeben und ob sie ihm das früher Gegebene von Herzen gönnen. Die Anwesenden, die befragt werden, antworten mit „Helal olsun", „So sei es, es ist gut"

Trauerbräuche

Ist der Tod eingetreten, können Menschen in lautes Wehklagen ausbrechen. Es ist dann angesagt, sie nach einer adäquaten Zeit zu beruhigen und sie zu umarmen und zur Ruhe zu bringen, damit sie sich nicht zu sehr verausgaben. Ohnmachtsanfälle oder Schwächeattacken bei Frauen kommen immer wieder vor. Ein etwas resolutes zur Vernunft bringen ist angesagt. Männer können auch weinen, zum Teil auch wehklagen.

Nach Eintritt des Todes kommen die engen Verwandten und die direkten Nachbarn.

Die mit dem oder der Verstorbenen direkt verwandten Männer lassen sich während 40 Tagen den Bart wachsen. In dieser Zeit werden keine Feste und Unterhaltungsanlässe besucht.

Den Aleviten wichtig sind vor allem der 3., der 7. und der 40. Tag nach dem Tod sowie in der Folge die Jahresgedenktage. Der Tag, an dem der Tote begraben wird, gilt als Tag 1.

Am 3. Tag wird meist in der Wohnung des Verstorbenen „Helva" (Süssspeise aus Mehl) zubereitet und an Nachbarn und Freunde verteilt.

Bis zum 40. Todestag wird jeden Donnerstag zusätzlich eine Mahlzeit im Namen des Verstorbenen vorbereitet. Diese Speisen werden von Nachbarn, Verwandten, Freunden oder Bekannten serviert.

Nach dem Tod und auf jeden Fall am 40. Todestag wird ein grosses Essen für Verwandte, Freunde und Bekannte von nah und fern ausgerichtet. Dieses Essen dauert den ganzen Tag und verlangt viel Kraft von den Angehörigen. Es ist viel Organisation damit verbunden. Alltagsgeschäfte können von der Trauer ablenken.

Es wird in riesigen Töpfen Lamm- oder Rindfleisch gekocht, dazu gibt es meist Bulgur (gekochter gedarrter Weizenschrot) oder Pilav (Reis) als Beilage.

Beileidsbezeugungen

Ist ein Angehöriger gestorben, so ist der Besuch der direkt betroffenen Familie angesagt. Nicht-Aleviten dürfen auch eine Beileidskarte senden. Es ist empfohlen, Karten ohne christliche Motive wie zum Beispiel ein Kreuz oder einen Bibelspruch zu verwenden.

Friedhof

Männer und Frauen werden gemischtgeschlechtlich begraben.

Während eines Jahres bleibt das Grab meist uneingefasst. Blumen werden niedergelegt. Nach der Beerdigung des Verstorbenen wird 1 Jahr lang darauf gewartet, dass die Erde, welche auf dem Grab aufliegt, sich einbettet und nicht absackt. Dies ist einerseits traditionell bedingt, andererseits jedoch eine Sicherheitsmassnahme, um die ewige Totenruhe gewährleisten zu können.

Die Gräber werden in der Türkei meist mit weissem oder grauem Marmor gefasst. Männer und Frauen werden gemischt bestattet. In der Schweiz werden sich Aleviten, die nicht in die Türkei überführt wurden, auf den normalen Friedhöfen begraben lassen. Besonders am 40. Tag sowie zu den Jahresgedenktagen ist ein Grabbesuch angesagt. Meist werden auf dem Weg dorthin Gaben an die Dorfbewohner, an denen man vorbeikommt, verteilt.

Literatur

Ismail Kaplan: Das Alevitentum. Eine Glaubens- und Lebensgemeinschaft in Deutschland.
Alevitische Gemeinde Deutschland e.V.
1. Aufl. Köln 2004.
Friedmann Eissler (Hg.): Aleviten in Deutschland. Grundlagen, Veränderungsprozesse, Perspektiven. EZW-Texte 211. Berlin 2010.

Kontakte

www.iabf.ch / de / html / mitglieder-vereine.html
Im Telefonverzeichnis oft unter «Alevitisches Kulturzentrum» zu finden.

IN KÜRZE
ALEVITEN

Care Team und Notfallseelsorge

Kleidung: Keine spezielle Kleidung.

Symbole: Schwert des Ali (Bild 204), Friedenstaube (Bild 201), Saiteninstrument Saz (Bild 320), Bilder von Ali (Bild 318, 319, 321), Haci Bektasch Veli (Bild 202 + 321), Pir Sultan Abdal mit Saz (Bild 203).

(Tesbih, die islamische Gebetskette, wird normalerweise nicht zu Gebeten verwendet! Männer spielen mit der Kette, um sich abzulenken oder die Nervosität zu nehmen.)

Was tun mit Sterbenden? Auf die Wünsche des Sterbenden eingehen.

Begleitung der Familie? Lokaler alevitischer Verein.

Rituale: Dede. Den lokalen alevitischen Verein kontaktieren.

Triage: Wenn möglich sollte die Leiche an einen Ort gebracht werden, wo eine Waschung gut vollzogen werden kann.

Suizid: Gleich wie bei einer natürlichen Todesursache oder einem Unfall.

Krankenpflege und Spitalseelsorge

Ernährung: Alles, kein Kaninchenfleisch und je nach Einstellung kein Schweinefleisch.

Kleidung: Nichts Spezielles.

Geschlechterbeziehung: Kulturbedingt möglichst gleichgeschlechtlich.

Rituale: Nichts Spezielles.

Tabus: Keine.

Todesfall: Leichnam ausgestreckt legen. Angehörige benachrichtigen.

Religiöse Betreuung: Zuerst Angehörige, dann eventuell Dede.

BAHÁ'Í

Grundlagen

Der Bahá'í-Glaube ist eine Weltreligion mit der Absicht, alle Rassen und Menschen in einer universalen Gemeinschaft und einem gemeinsamen Glauben zu vereinen. Bahá'í sind die Anhänger Bahá'u'lláhs, von dem sie überzeugt sind, dass er der Verheissene aller Zeitalter ist. Bahá'í leben in fast allen Ländern der Welt und die Anzahl der Gläubigen beträgt weltweit über 5 Millionen, wovon rund 1000 in der Schweiz leben. Der Kern der Religion ist der Gedanke der Einheit Gottes, der Religion und der Menschheit. Der Bahá'í-Glaube geht davon aus, dass alle Religionen im Grunde eins sind und dieselben geistigen Grundlagen teilen, aber immer von neuem durch rückkehrende Boten Gottes mit Offenbarungen ergänzt und an die Erfordernisse der Zeit angepasst werden: Krishna, Moses, Zarathustra, Buddha, Jesus und Mohammed werden in dieser Tradition gesehen. Die Bahá'í sind Menschen, die Bahá'u'lláh (1817 – 1892) als Religionsstifter für unsere Zeit betrachten.

Bahá'í bemühen sich um die Überwindung von Vorurteilen jeglicher Art gegen Rassen, Klassen, Religionen und Minderheiten, um die Geschlechtergleichstellung, die Ermöglichung von Erziehung und Bildung für alle Menschen und die Verwirklichung des Weltfriedens. Als Basis dazu soll eine neue Weltordnung dienen, der unter anderem ein Weltbundesstaat, ein Weltschiedsgerichtshof und eine Welthilfssprache zugrunde liegen. Bahá'í engagieren sich stark in sozialen Entwicklungsprojekten.

Ein geistlicher Stand existiert nicht, die Ämter werden von Laien bekleidet. Die Weltgemeinde der Bahá'í wird vom «Universalen Haus der Gerechtigkeit» in Haifa,

Israel, geführt. Jedoch gibt es auf nationaler wie lokaler Ebene sogenannte «Geistige Räte», bestehend aus jeweils 9 Glaubensmitgliedern. Sie sind für die nationalen respektive lokalen Belange zuständig und sollten bei Fragen kontaktiert werden. Der Nationale Geistige Rat der Schweiz hat seinen Sitz in Bern (siehe Kontakt).
Die heiligen Schriften stammen von Baha'u'llah, Stifter der Baha'i-Religion. Andere gültige Auslegungen und Anweisungen stammen auch von seinem Sohn Abdu'l-Baha und seinem Enkel Shoghi Effendi sowie vom Universalen Haus der Gerechtigkeit. Zu besonderen Anlässen werden auch Broschüren und Stellungnahmen erarbeitet und an die Öffentlichkeit verteilt.

Symbole und Kleidung

Bezüglich der Kleidung gibt es keine speziellen Vorschriften. Als Erkennungsmerkmal kann der sogenannte Bahá'í-Ausweis dienen, aber nicht alle Bahá'í besitzen ihn. In der Schweiz ist er blau und wird oft im Portemonnaie getragen. Vor allem Reisende tragen ihn oft auf sich. Die Symbole der Bahá'í sind ein neunzackiger Stern (Bild 8) und Kalligraphien, die das «Ringsymbol» (Bild 10) und den «grössten Namen» (Bild 9) darstellen. Diese Symbole können als Schmuck getragen werden.

Jenseitsvorstellungen

Der Mensch verfügt über einen vergänglichen Körper und eine unsterbliche Seele.
Auch nach dem Tod fährt die Seele fort, sich zu vervollkommnen und sich Gott anzunähern. Ziel ist die Gottesgegenwart.
Der Tod wird darum als Tor zu einer neuen, grösseren Daseinsform betrachtet; die sich dem Göttlichen nähern-

de Seele erfährt nach ihrer Lösung vom Körper mehr Freiheiten und Freuden, während der irdische Körper zuweilen mit einem Gefängnis verglichen wird.

Das Jenseits wird als eine Vielzahl von geistigen, von Raum und Zeit gelösten Welten beschrieben, wo man mit seinen nahestehenden Menschen wiedervereint sein wird. Nach dem Tod wird jeder Rückschau halten und selbst über seine Taten Rechenschaft ablegen müssen. Gott kann aber auch Gnade vor Gerechtigkeit ergehen lassen. Als Angehöriger kann man für diese Verstorbenen beten und in ihrem Namen gute Taten tun.

Pflegerelevante Themen

Krankheit und Leiden sind für die Bahá'í Teil des Lebens, aber in ihnen liegt auch die Chance auf Erkenntnis und Veränderung verborgen. Da die Krankheitsursachen ihrem Verständnis nach stofflich wie auch geistig sein können, sollten auch die Heilmittel stofflicher wie auch geistiger Natur sein: Stofflich bedeutet, den Körper durch gezielte Ernährung oder, falls dies nicht ausreicht, durch Arznei ins Gleichgewicht zu bringen. Geistige Heilmittel sind die Lehren und Gebote Gottes und das Gebet. Die Genesung liegt schlussendlich in Gottes Hand.

Sich um die Kranken zu kümmern, gilt als eine grosse Verpflichtung der Bahá'í. Auf Wunsch des Patienten kann ein Besuch des Geistigen Rates organisiert werden (Kontakt entweder im Telefonbuch oder Internet zu finden, ansonsten über den Nationalen Geistigen Rat in Bern).

Folgendes Gebet von Bahá'u'lláh kann für die Kranken gebetet werden:

«Dein Name ist meine Heilung, o mein Gott, Dein Gedenken meine Arznei, Deine Nähe meine Hoffnung und die Liebe zu Dir, mein Gefährte. Dein Erbarmen ist meine

Heilung und Hilfe in beiden Welten, in dieser und der künftigen. Du bist wahrlich der Allgütige, der Allwissende, der Allweise.»

Rituale

Bahá'í sollten jeden Tag 95 Mal «Allah'u'Abha» («Gott ist der Allherrliche») aussprechen und ein tägliches Pflichtgebet verrichten. Dazu werden zuerst das Gesicht und die Hände gewaschen; in der Pflegesituation soll dies berücksichtigt und ermöglicht respektive erleichtert werden.
Auch regelmässiges Meditieren über die Schriften charakterisiert das Glaubensleben; man sollte einem pflegebedürftigen Bahá'í also möglichst die Schrift(en) seiner Wahl zukommen lassen.

Speisevorschriften

Der Konsum bewusstseinsverändernder Substanzen ist den Bahá'í verboten, aber falls in verordneten Medikamenten Alkohol oder Narkotika enthalten sind, wird dies akzeptiert. Organspende, Transplantation und Bluttransfusion sind erlaubt.
Der letzte Monat des Bahá'í-Jahres, jeweils vom 2. – 20. März, gilt als Fastenmonat, wobei nach Möglichkeit zwischen Sonnenauf- und -untergang weder gegessen noch getrunken werden soll. Kranke sind von dieser Regelung aber ausgenommen.

Sterben und Tod

Es gibt keine bindenden Vorschriften oder Rituale, wie man mit einem sterbenden Bahá'í umgehen sollte. Man kann mit ihm beten, seine Hand halten etc.; man sollte situativ auf seine Bedürfnisse eingehen.
Aktive Sterbehilfe ist nicht erlaubt. Bezüglich der pas-

siven gibt es keine Vorschriften. Autopsie ist erlaubt, wenn sie respektvoll erfolgt. Der Körper gilt den Bahá'í als «Thron des inneren Tempels», darum sollte dem Leichnam höchste Ehrerbietung zukommen. Folgende Weisungen sind nicht obligatorisch, können aber von einzelnen Bahá'í oder ihren Angehörigen erwünscht werden: Der Verstorbene soll sorgfältig gewaschen werden. Es findet kein Einbalsamieren statt. Den Erwachsenen wird ein «Totenring» an den Finger gesteckt mit der Inschrift: «Von Gott kam ich und zu Ihm kehre ich zurück, losgelöst von allem ausser Ihm, und halte mich fest an Seinem Namen, der Barmherzige, der Mitleidvolle.» Diese Ringe können im nationalen Bahá'í-Sekretariat bezogen werden.

Bestattung

Die Bestattung sollte so nah wie möglich vom Todesort erfolgen: Der Leichnam darf nicht weiter als eine Wegstunde weg vom Todesort bestattet werden, wobei aber die Wahl des Transportmittels frei ist. Eine Rückführung ins Heimatland zur dortigen Bestattung, die diese Frist überschreiten würde, ist deshalb nicht möglich – und nach dem Glauben der Bahá'í, die sich primär als Weltenbürger verstehen, auch nicht nötig.

Das Erstellen eines Testamentes ist für die Bahá'í Pflicht. Die testamentarischen Verfügungen sind auch beim Geistigen Rat hinterlegbar.

Als Bestattungsart ist Erdbestattung vorgeschrieben, da sie als natürlich und der göttlichen Ordnung entsprechend gilt. Die Beisetzungsfeier ist einfach und wird flexibel gehandhabt. Sie besteht im Kern aus einem gemeinschaftlichen Totengebet, das am Grab gelesen wird. Es findet auch eine Lesung einer Auswahl aus heiligen Bahá'í-Schriften statt. Für die Beisetzungsfeier kann man sich bei Bedarf an den Geistigen Rat wenden.

Als Zierde für den Grabstein kommen Zitate aus den Lehren oder ein neunzackiger Stern oft vor. Die arabische Kalligraphie des Namen Gottes dagegen darf nicht verwendet werden.

Bei Geburt eines Kindes von Bahá'í-Eltern existieren keine besonderen religiösen Riten. Im Falle eines totgeborenen oder bei der Geburt verstorbenen Kindes sind daher keine besonderen Riten zu beachten.

Suizid

Suizid gilt als Sünde, denn Gott allein bleibt die Bestimmung über die Lebensdauer jedes Menschen vorbehalten. Für Verstorbene, die Suizid begangen haben, soll darum viel gebetet werden, damit sie Vergebung erlangen. Die Bestattungsriten bleiben gleich.

Trauerbräuche

Es existieren keine besonderen Trauerbräuche, auch keine speziellen Gedenktage oder Gottesdienste. Allgemein gilt die Haltung, dass man sich für einen Verstorbenen eher freuen solle statt um ihn zu trauern, da seine Seele fortgeschritten ist. Beten für den Toten und Vollführen guter Taten in seinem Namen trägt zur Besserung seiner Lage im Jenseits bei.

Beileidsbezeugungen

Beileidsbezeugungen können in Form abgestatteter Besuche, Beileidskarten, geschenkter Blumen etc. bestehen. Es gibt keine besonderen Tage oder religiösen Vorschriften bezüglich der Grabbesuche. Auch mit der Grabpflege gestaltet sich alles individuell und von Fall zu Fall.

Literatur

Stephan A. Towfigh, Wafa Enayati: Die Bahà'i-Religion. Ein Überblick. München 2005.
(Besonders: «Leben nach dem Tod», S.26–29.)
Die Bahá'í-Bestattung und der Bahá'í-Trauergottesdienst. zusammengestellt von der Forschungsabteilung des Universalen Hauses der Gerechtigkeit. (Br, 24 S.)

Kontakt

Bahá'í-Gemeinde der Schweiz
Dufourstrasse 13, 3005 Bern
Telefon 031 352 10 20
www.bahai.ch / info@bahai.ch

IN KÜRZE
BAHÁ'Í

Care Team und Notfallseelsorge

Kleidung: Keine spezielle Kleidung.

Symbole: Evt. Schmuck mit Bahá'í-Symbolen: neunzackiger Stern, (Bild 8), «Ringsymbol» (Bild 10), oder «grösster Name» (arabische Kalligraphie) (Bild 9). Evt. Bahá'í-Ausweis im Portemonnaie.

Was tun mit Sterbenden? Situativ handeln. Eventuell beten.

Begleitung der Familie? Durch Freunde oder durch den Geistigen Rat.

Rituale: Keine Rituale und keine Priester.

Triage: Übliche Massnahmen.

Suizid: Gleich wie bei einer natürlichen Todesursache oder einem Unfall.

Krankenpflege und Spitalseelsorge

Ernährung: Keine besonderen Regeln. Fastenmonat vom 2. bis 20. März, in der Pflegesituation jedoch kaum von Bedeutung.

Kleidung: Keine besondere Kleidung.

Geschlechterbeziehung: Nichts Besonderes zu beachten.

Rituale: Keine Rituale.

Tabus: Nichts Besonderes zu beachten.

Todesfall: Waschung des Leichnams; Kontaktierung des Lokalen Geistigen Rates.

Religiöse Betreuung: Angehörige oder Lokaler Geistiger Rat.

BUDDHISMUS

Grundlagen

Der Buddhismus ist eine auf dem indischen Subkontinent entstandene Heilslehre, die ihre Wurzeln im Hinduismus hat. Siddharta Gautama, der historische Buddha, gilt als Religionsstifter des Buddhismus. Hauptziel der buddhistischen Lehre ist es, durch die Überwindung der „Begierde" aus dem Geburtenkreislauf (Samsara) auszubrechen und das Nirvana („Erlöschen") zu erlangen. Dazu ist das „dreifache Zuflucht nehmen" zum Buddha, zum Dharma (Lehre) und zum Sangha (Orden/Gemeinde) nötig. Sie sind die drei „tragenden Säulen" des Buddhismus. Das „Zufluchtnehmen" beruht auf eigener Einsicht und jeder Mensch kann in eine buddhistische Gemeinschaft eintreten. Der Buddhismus kennt keinen Absolutheitsanspruch.

Siddharta Gautama wurde vor ca. 2500 Jahren im Grenzgebiet des heutigen Süd-Nepal/Nordindien geboren und entstammte dem Geschlecht der Sakyas. Mit 29 Jahren verliess er seine Familie, als ihm Alter, Krankheit und Tod begegneten. Er zog in die Hauslosigkeit auf der Suche nach der erlösenden Erkenntnis. In tiefer Versenkung erfuhr er unter einem Feigenbaum in Bodh Gaya die Wahrheit des „Mittleren Weges" und wurde mit 35 Jahren der Erwachte – der Buddha. Er entdeckte, dass alles vergänglich, leidvoll und ohne dauerhaften Wesenskern ist.

Zu den buddhistischen Werten gehören Ahimsa (Nicht verletzen) und das Mitgefühl gegenüber allen lebenden Wesen. Ebenso besteht der Glaube, dass in allen Wesen eine Buddhanatur innewohnt, und dass jedes Lebewesen die Möglichkeit hat, Nirvana zu erreichen.

Nach Buddhas Tod verbreitete sich seine Lehre zuerst in ganz Indien und später über dessen Grenzen hinaus.

Der indische Buddhismus hat zwei respektive drei grosse Schulen hervorgebracht: Theravada, Mahayana und Vajrayana (auch Tantrischer Buddhismus).

Der Theravada („Weg der Alten"), entstand nach Buddhas Tod. Seine Anhänger verstehen diesen als den wahren und ursprünglichen Traditionsbewahrer der Lehren des Buddha. Im 1.Jh.v.Chr. kam es zur Ordensspaltung zwischen den Vertretern der Älteren und den Mahasamghikas, den Angehörigen der Grossgemeinde. Von den Mahasamghikas gingen Anstösse zum Mahayana („Grosses Fahrzeug", auch „Bodhisattva-Fahrzeug") aus.

Das Mahayana ist eine neue Richtung und setzt sich aus verschiedenen Schulen zusammen. Der Mahayana-Buddhismus hat sich weit über die Grenzen des indischen Raums hinaus ausgebreitet und verschiedene Formen angenommen (beispielsweise der Zen-Buddhismus in Japan). Heutzutage hat der Mahayana-Buddhismus am meisten Anhänger.

Der Vajrayana (Diamant Fahrzeug) entstand im 1.Jh. n. Chr. und ist eine vom Hinduismus stark geprägte Richtung, die aber philosophische Ansichten des Mahayana-Buddhismus aufweist. Das Heil wird durch Riten und magische Praktiken erreicht.

Buddhismus in der Schweiz

Es gibt zwei Stränge des Buddhismus in der Schweiz: einerseits besteht seit Anfang des 20.Jh. ein Konvertierten-Buddhismus, der sich besonders durch den intellektuellen oder meditativen Zugang zu buddhistischen Lehren auszeichnet. Andererseits besteht seit den 1960er Jahren ein asiatischer Buddhismus, der mit der Aufnahme von tibetischen Flüchtlingen und einer Vielzahl von buddhistischen Zuwanderern aus asiatischen Ländern (Thailand,

Vietnam, Sri Lanka usw.) seinen Anfang nahm.
1976 wurde die Schweizerische Buddhistische Union (SBU) gegründet, die sich als buddhistischer Dachverband versteht.
In der Schweiz gehören schätzungsweise 25'000 Menschen dem Buddhismus an (0.33% der Gesamtbevölkerung der Schweiz). Die meisten von ihnen sind asiatischer Herkunft, schätzungsweise 7'000 sind gebürtige Schweizerinnen und Schweizer.

Glaubensgrundlagen

Buddhas Lehre wird als Dharma („Lehre", „Gesetz") bezeichnet. Sie ermöglicht es, dem Leiden ein Ende zu setzen, den Kreislauf von Geburt und Tod (Samsara) zu durchbrechen und Ruhe zu finden – das Nirvana. Die buddhistische Lehre ist eine Lehre der Selbsterlösung.
Dharma ist auch die Lehre über das Nicht-Selbst (anatman), die die Unpersönlichkeit aller Phänomene des Daseins darlegt: es gibt kein „Selbst" im Buddhismus. Was wir als Lebewesen bezeichnen, ist eine Ansammlung der 5 „Daseinsgruppen" (Skandha: Gestalt/Körperlichkeit, Empfindung, Wahrnehmung, Geistesformation und Bewusstsein), welche von Augenblick zu Augenblick entstehen und vergehen. Ein „Selbst" als dauerhafte, beständige, ewige und unveränderliche Einheit existiert nach der Lehre des Buddhismus nicht.
Es gibt keine einheitliche, allen buddhistischen Schulen zugrunde liegende Lehre. Die einzige theoretische Grundlage, bei der man von einer Einstimmigkeit sprechen kann, ist die der „Vier Edlen Wahrheiten" und dem zur Aufhebung des Leidens führenden „Edlen achtfachen Pfad". Der Mittlere Weg ist der vom Buddha gezeigte Weg.

Die „Vier Edlen Wahrheiten" sind:
1. *Alles ist Leiden*
2. *Der Ursprung des Leidens ist die Begierde*
3. *Durch die Vernichtung der Begierde kann das Leiden beendet werden (Nirvana)*
4. *Der Weg dazu ist der „Edle achtfache Pfad"*

Der „Edle achtfache Pfad":

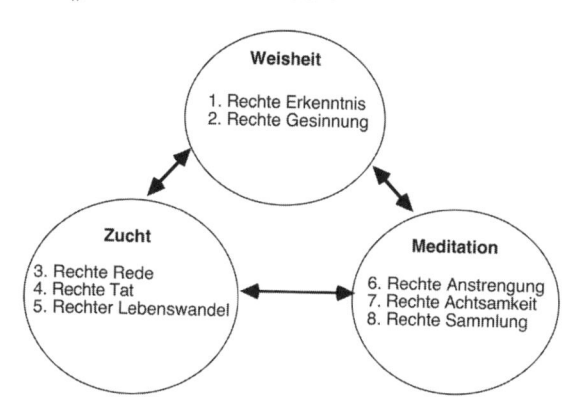

Weisheit
1. Rechte Erkenntnis
2. Rechte Gesinnung

Zucht
3. Rechte Rede
4. Rechte Tat
5. Rechter Lebenswandel

Meditation
6. Rechte Anstrengung
7. Rechte Achtsamkeit
8. Rechte Sammlung

Karma – Gesetz der Kausalität

Die Begierde ist die Ursache der Wiedergeburten und des daraus entstehenden Leidens. Die Begierde entspringt der Unwissenheit über die wahre Natur der Dinge. Die drei grundlegenden Eigenschaften Verlangen, Hass und Verblendung fesseln uns an Samsara, indem sie uns dazu bringen zu handeln (karman). Im Buddhismus sind Ursache und Wirkung untrennbar miteinander verbunden, und dieses Gesetz der Kausalität, die Kette von Ursache und Wirkung, bezeichnet man im Allgemeinen als Karma. Durch Handlung, Sprache und Denken häufen wir (positives und negatives) Karma an. Die drei Typen von Karma sind: das Karma des Körpers, das Karma des Wortes und das Karma des Geistes. In der buddhistischen Moral zählt weniger die Tat, als vielmehr die Absicht.

Schriften

Der umfangreichste erhaltene Kanon buddhistischer Schriften ist jener der Theravada („Schule der Älteren") und ist als Pali-Kanon bekannt. Traditionell wird er Tripitaka („Dreikorb") genannt. Er besteht aus der Sammlung der Lehrreden (sutras), der Sammlung der Ordensregeln (vinaya) und der Sammlung der scholastischen Texte (abidharma). Trotz der uneinheitlichen Textsammlung ist der Pali-Kanon die wichtigste Quelle der Lehre des historischen Buddhas. Die Fertigstellung des Kanons erfolgte erst im 4./5.Jh.n.Chr.

Innerhalb des Tibetischen Buddhismus ist die Schriftensammlung in zwei bedeutenden Werken niedergelegt: dem Kanjur („Übersetzungen der Worte Buddhas") und dem Tenjur („Übersetzung der Abhandlung").

Jenseitsvorstellung

Allen buddhistischen Richtungen gemeinsam ist der Glaube an Samsara (Wiedergeburtenkreislauf).

Nach dem Tod erfolgt die Wiedergeburt in einem der sechs Bereiche, die dem Samsara zugrunde liegen: der Höllenbereich, der Bereich der Hungergeister und der Bereich der Tiere. Das sind die drei schlechten oder negativen Wiedergeburtsbereiche. Zu den guten oder positiven Wiedergeburtsbereichen gehören die Bereiche der Menschen, der Halbgötter (auch Asura) und der Götter (auch Deva).

Im Theravada-Buddhismus gibt es keine Paradiesvorstellungen. Hingegen sind im Mahayana und Vajrayana-Buddhismus Paradiesvorstellungen bekannt. Die Sukhavati

(„Reines Land") ist das westliche Paradies des Buddha Amitabha. Man erhofft sich durch Gebete an den Buddha, in der Sukhavati wiedergeboren zu werden. Die Gnade eines Buddhas ist ausschlaggebend für eine Wiedergeburt in der Sukhavati. Wird man in einem „Reinen Land" wiedergeboren, heisst das, dass man nicht mehr in einen „niedrigeren" Bereich wiedergeboren werden kann.

Schambhala („Quelle des Glücks") ist ein mythisches Land irgendwo nördlich des Himalayas. Shambhala besitzt die Form eines achtblättrigen Lotus und wird von zwei Reihen von Schneebergen umgeben. Die Vorstellung von Schambhala gehört zu den Lehren und der Praxis des tantrischen Buddhismus (Vajrayana).

Paradiese oder „Reine Länder" gehören auch zum Samsara. In diesem Bereich wiedergeboren zu werden bedeutet aber, positives Karma zu haben. Es gibt keine Paradiesvorstellungen in der reinen Lehre des Theravada-Buddhismus. Im Volksglauben gibt es eher solche Vorstellungen.

Literatur

Heinz Bechert und Richard Gombrich (Hg.): Der Buddhismus. Geschichte und Gegenwart. München 2002.

Jens Schlieter: Buddhismus zur Einführung. Hamburg 2001.

THERAVADA-BUDDHISMUS

Grundlagen

Der Theravada-Buddhismus ist die zuerst aufgenommene Form des Buddhismus in der Schweiz. Der aus Deutschland stammende Theravada-Mönch Nyanatiloka brachte den gelebten Buddhismus anfangs 20.Jh. in die Schweiz. Seit den 70er Jahren entstanden vielerorts Vipassana-Meditations-Gruppen (Achtsamkeitsmeditation), und in der Nähe von St. Gallen entstand das „Haus der Besinnung".

Die grösste Gruppe von Theravada-Buddhisten bilden die Thais (vorwiegend thailändische Frauen) mit offiziell rund 10'000 Personen. Ihr Zentrum ist der Tempel in Gretzenbach (SO), der 1996 gegründete Wat Srinagarindravararam. Der Wat Srinagarindravararam ist für viele Theravada-Buddhisten und Thailänderinnen das spirituelle und kulturelle Zentrum.

Kleidung

Die Kleidung ist sehr individuell; Thais sind gekleidet wie wir. Eine Ausnahme besteht bei den Mönchen, sie tragen Roben. Laien tragen oft von Mönchen gesegnete Amulette mit einer Buddhafigur (Bild 312) oder einem Anhänger mit dem König Rama V. (Bild 313) um den Hals. Die Amulette können auch aus Stein geschnitzt sein oder in einem kleinen ‚Behälter' sein, der an einer Kette um den Hals hängt. Schlüsselanhänger Wat Srinagarindravararam (Bild 326).

Pflegerelevante Themen

Niemand entgeht Geburt, Alter, Krankheit und Tod. Das ist das Gesetz des Lebens - die Essenz des Buddhismus.

Die Krankheit gehört zum Leben. Krankheit wird als Folge von Taten (Karma) aus der aktuellen oder aus früheren Existenzen verstanden. Krankheit wird jedoch nicht als Bestrafung angesehen, sondern als logische Folge von früheren Verhaltensweisen verstanden.
Psychische Krankheiten sind hier in der Schweiz kein Problem. In Thailand sind Betroffene im Dorfleben eingebunden und die Familie kümmert sich um sie.
In der Pflege bedürfen „Thai-Buddhisten" keiner speziellen Behandlung. Die Thais sind in der Regel sehr anpassungswillig.
Es wird keine Unterscheidung nach Geschlechtern gemacht, mit Ausnahme bei den Mönchen. Sie dürfen keine Berührungen – auch keine indirekten – mit Frauen haben.
Bezüglich der Ernährung gibt es keine Vorschriften. Diese wird individuell gehandhabt. Auch das Essen im Spital stellt kein Problem dar. Teilweise sind Buddhisten Vegetarier.

Rituale

Bestandteil der religiösen Praxis ist die Verehrung Buddhas. In vielen Haushaltungen und im Tempel befindet sich ein Altar mit einer Buddhastatue auf dem höchsten Punkt. Zur religiösen Praxis gehört auch die Meditation. Sie ist ein zentrales Element im Buddhismus.
Für Sterbende werden Rituale ausgeführt, die dazu dienen, dem Sterbenden das Sterben leichter zu machen. Es folgt die Rezitation von bestimmten Passagen aus dem Tripitaka auf Pali. Für Rezitationen braucht es zwei oder mehrere Mönche.
In der Familie wird häufig eine ‚Stille-Zeremonie' durchgeführt.

Moderne Medizin

Die Haltung gegenüber der modernen Medizin ist unter den Theravada-Buddhisten offen und tolerant. Schmerzmittel beispielsweise sind erlaubt, denn es geht darum, das Leiden zu vermindern.
Organspenden und Bluttransfusion sind neuere Ansätze, die es früher noch nicht gab. Der Theravada Buddhismus ist offen für diese neueren Ansätze der modernen Schulmedizin. Organspenden sind erlaubt, da es sich nach Meinung von Gläubigen um ein Geben und ein Nehmen handelt.

Sterben

Liegt ein Buddhist oder eine Buddhistin im Sterben, kommen sämtliche Familienmitglieder und bleiben beim sterbenden Menschen und geben ihm oder ihr das Gefühl, nicht alleine zu sein. Das ist ein traditioneller Brauch in Thailand. In der Diaspora ist dies etwas schwierig. Die Familienangehörigen rufen Mönche. Sie begleiten die sterbende Person und bestimmen den weiteren Verlauf. Gebete und buddhistische Lehrtexte werden der sterbenden Person vorgetragen.
Sterbehilfe ist nicht erlaubt. Sie wird ähnlich wie Selbstmord interpretiert. Nach dem Karma-Glauben nützt es nichts, dem Tod zuvor zu kommen. Im nächsten Leben wird man die Konsequenzen tragen müssen.
Die Patientenverfügung ist ein neuerer Ansatz und in den Herkunftsländern, beispielsweise in Thailand, nicht bekannt. Eine Patientenverfügung ist aber möglich. Es wird versucht, auf den Wunsch der betreffenden Person einzugehen und den Sterbenden auf eine möglichst natürliche Art gehen zu lassen; ihm oder ihr das Sterben leichter zu machen (Menschenwürde).

Die Mönche singen spezielle Gesänge für deren Seele (Chanting). Die Gesänge oder Lehrreden stammen aus dem Abhidharma (den Lehrreden des historischen Buddhas). Die Rezitation der Palitexte dauert mehrere Tage lang. Nach zehn und nach hundert Tagen erfolgen andere Zeremonien und Lehrreden. Durch diese Zeremonien kann die Situation der Verstorbenen im Jenseits verbessert werden. Nach dem Ableben bleibt die Familie Tag und Nacht beim Verstorbenen. Der Tote wird nie alleingelassen. Die Rituale haben zum Zweck, dem Sterbenden das Sterben leichter zu machen. Für Rezitationen aus dem Tripitaka auf Pali braucht es zwei oder mehrere Mönche.

In der Familie wird häufig eine ‚Stille-Zeremonie' durchgeführt.

Tod

Niemand entgeht dem Tod. Das Leben beginnt mit der Geburt und hört nie auf. Der Tod ist Teil des Lebens (Wiedergeburtenkreislauf). Die Buddhisten lernen mit dem Tod zu leben, da der Tod zum Leben gehört.

Sofortmassnahmen bei Eintritt des Todes

Zuerst werden Mönche geholt, die den weiteren Verlauf bestimmen. Die Leiche liegt auf dem Rücken, die Hände liegen auf dem Körper und sind übereinandergelegt. Die Leiche liegt in Nord-Süd-Richtung.

Beim Schlafen liegen Theravada-Buddhisten in Ost-West-Richtung. Der Kopf zeigt in Richtung Osten und die Füsse in Richtung Westen.

Die Familienangehörigen waschen die Hände des Toten. Anschliessend wird der ganze Leichnam gewaschen. Es gibt keine Vorschriften, wer die Leiche wäscht. Es sind

meist offizielle Leichenwäscher. Es wird nicht nach Geschlechtern unterschieden.
Eine Autopsie ist erlaubt, wenn ein Erfordernis dafür besteht. Auch in Thailand werden im Spital Autopsien durchgeführt. (Nicht bei alten Menschen und nur im Falle einer unklaren Todesursache.)

Bestattung und vorbereitende Handlungen

Ob eine Repatriierung stattfindet, entscheidet jeder selbst. Es gibt keine festgelegte Bestimmung.
Der Leichnam wird in der Aufbahrungshalle der betreffenden Gemeinde aufgebahrt und die Bestattung erfolgt nach Schweizer Recht.
Im Theravada-Buddhismus gibt es ausschliesslich die Kremation. Hier in der Schweiz werden die Buddhisten in einem öffentlichen Krematorium kremiert, in Thailand findet die Feuerbestattung in einem Tempel statt.
Die Asche wird je nach Wunsch in einen Fluss gestreut oder in einer Urne aufbewahrt. Im Wat Srinagarindravararam, dem buddhistischen Tempel in Gretzenbach (SO), gibt es eine Urnenwand.
Tote Kinder werden auch kremiert (hier bei uns). Früher wurden tote Kinder in Thailand begraben, heute werden sie auch kremiert.

Trauerbräuche

Die Trauerfeier wird oft durch einen Pfarrer und durch einen buddhistischen Mönch abgehalten. Alle Bekannten der oder des Verstorbenen werden dazu eingeladen.
Die Beileidsbezeugungen sind die gleichen wie bei uns: Blumen, Spenden und Gaben.
Gedenktage finden nach zehn Tagen, nach hundert Tagen und ein Jahr nach dem Todestag der verstorbenen Per-

son statt. Auch an ihrem Geburtstag wird eine Zeremonie abgehalten. Diese bezweckt, dass man etwas Gutes tut für den Verstorbenen. Dies bringt Glück (Wohltätigkeitszeremonie). Die Totenzeremonien finden im Tempel oder zu Hause bei der Familie statt.

Die Urnen werden häufig beim Wat Srinagarindravararam in der Urnenwand beigesetzt. Die Urnengräber enthalten Gedenktafeln, häufig mit einem Foto der verstorbenen Person.

Die Urnengräber werden gepflegt, mit Blumen geschmückt und besucht.

Spezialfragen
Tabus

Verstorbene Personen nicht verunglimpfen. Respekt vor der toten Person.

Suizid

Es bringt laut buddhistischer Lehre nichts, sich selbst umzubringen, denn man wird im nächsten Leben wieder damit konfrontiert werden. Man kann seinem Karma nicht entgehen.

Suizid kommt aber auch unter den Thais vor. Bei einem Suizid findet nach drei Tagen eine Totenzeremonie innerhalb der Familie statt. Der Suizid wird bei der Gemeinde gemeldet. Mönche führen die Zeremonie durch. Menschen, die Suizid begehen, werden auch beim Wat beigesetzt.

Kontakt

Wat Srinagarindravararam, Buddhistisches Zentrum, Im Grund 7, 5014 Gretzenbach. Telefon: 062 858 60 30.
www.wat-srinagarin.com
Centre Bouddhiste Internationale de Genève, Avenue Soret 11, 1203 Genève Telefon: 022 321 59 21. www.geneva-vihara.org

IN KÜRZE
THERAVADA-BUDDHISMUS

Care Team und Notfallseelsorge

Kleidung: Keine spezielle Kleidung. Die Mönche tragen Roben.

Symbole: Laien tragen oft von Mönchen gesegnete Amulette, Anhänger, Schlüsselanhänger, zum Beispiel:
Buddhafigur (Bild 312 + 328), König Rama V. (Bild 313, 327, 329), Wat Srinagarindravararam (Bild 326).

Was tun mit Sterbenden? Die Familie wird gerufen. Wenn es der Sterbende wünscht, ruft die Familie einen Mönch.

Begleitung der Familie? Häufig wird die Familie von Mönchen betreut. Die Initiative geht aber von der Familie aus. Ein Mönch muss gebeten werden zu kommen.

Rituale: Für Rituale sind die Mönche zuständig.

Triage: Nach Ortsgebrauch.

Suizid: Die Familie kümmert sich darum. Keine spezielle Regelung.Die Familie ist die wichtigste „Instanz", wenn Angehörige krank sind, im Sterben liegen oder verstorben sind. Sie kümmert sich um alles, organisiert oder ruft beispielsweise einen Mönch.

Krankenpflege und Spitalseelsorge

Ernährung: Keine Vorschriften. Teilweise Vegetarier, manche essen kein Rindfleisch.

Kleidung: Keine Vorschriften

Geschlechterbeziehung: Keine Vorschriften. Ausnahme: Mönche.

Rituale: Für Rituale sind die Mönche zuständig.

Tabus: Keine

Todesfall: Die Familie ist die wichtigste Instanz, wenn Angehörige krank sind, im Sterben liegen oder verstorben sind. Sie kümmert sich um alles, organisiert oder ruft beispielsweise einen Mönch.

TIBETISCHER BUDDHISMUS («VAJRAYANA»)

Grundlagen

Nach der chinesischen Besetzung Tibets im Jahr 1950 flüchteten viele Tibeterinnen und Tibeter aus Tibet. Im Zuge humanitärer Hilfe wurden in den frühen 1960er Jahren etwa 1'000 Tibeterinnen und Tibeter in der Schweiz aufgenommen. In den folgenden zehn Jahren kamen weitere 1'000 dazu. Zur kulturellen und religiösen Betreuung und Unterstützung der in der Schweiz lebenden Tibeterinnen und Tibeter wurden tibetisch-buddhistische Mönche in die Schweiz geholt, deren Aufgabe darin besteht, einerseits die Integration zu erleichtern und andererseits die tibetische Identität zu wahren. Wichtigstes Zentrum des Tibetischen Buddhismus in der Schweiz ist das seit 1968 bestehende klösterliche Tibet-Institut in Rikon (bei Winterthur).

Der Tibetische Buddhismus ist eine Form des Mahayana und wird wegen seiner Tantrischen Einflüsse auch Vajrayana („Diamantfahrzeug") genannt. Im 7. und im 10. Jh. n.Chr. wurde der Buddhismus in Tibet eingeführt. Der Buddhismus machte in Tibet eine unabhängige und eigenständige Entwicklung durch. Ein Kennzeichen des Tibetischen Buddhismus ist die Regelung der Nachfolge durch Wiederverkörperung (Tulku = Verwandlungskörper). Einer der bekanntesten Tulkus ist der 14. Dalai Lama von der Lehrtradition der Gelugpas. Er musste 1959 aus Tibet nach Indien (Dharamsala) ins Exil fliehen. Der Dalai Lama ist das geistliche Oberhaupt der Tibeter/innen und erfährt grosse Verehrung.

Jenseitsvorstellung

Selbstmorde kommen unter tibetischen Buddhisten sehr selten vor. Suizid wird als grosse Sünde angesehen, denn man nimmt sich selbst die Chance, etwas Gutes (im ethisch-spirituellen Sinn) aus seinem Leben zu machen. Die Wahrscheinlichkeit, als Mensch wiedergeboren zu werden, ist sehr klein, und von daher gesehen ist es eine Sünde, die Möglichkeiten, die wir als menschliches Wesen hätten, einfach so zunichte zu machen. Nur eine Wiedergeburt als Mensch hilft uns, Nirvana zu erreichen. Eine Person, die Suizid begeht, verbleibt für eine lange Zeit in den Bereichen des Leidens, das heisst, in den drei schlechten Wiedergeburtsbereichen infolge des schlechten Karmas, das sie ansammelt, wenn sie Selbstmord begeht. Im Tibetischen Buddhismus gibt es die Vorstellung, dass ein Mensch, der Suizid begeht, unfähig sein wird, für die nächsten 500 Lebenszeiten als Mensch wiedergeboren zu werden. Selbstmord wird aber auch unter Buddhisten ausgeübt. Unter den Tibeterinnen und Tibetern war es lange Zeit nicht bekannt. Aber heutzutage kommt es häufiger vor.
Es werden keine speziellen Rituale oder Gebete durchgeführt für Buddhisten, die Suizid begehen. Für alle Verstorbenen wird die gleiche Trauerfeier abgehalten.

Symbole und Kleidung

Die Kleidung ist sehr individuell, ausser bei den Mönchen. Sie tragen Roben. Oft tragen Tibeter Türkise als Schmuck oder Glücksbringer um den Hals. Manche tragen einen Khor lo (Bild 317) auf sich. Ein Khor lo ist ein Schutzamulett, das von einem Mönch oder Lama gesegnet wurde. Die Khor los werden persönlich für den Träger oder die Trägerin angefertigt. Es gibt Amulette aus Metall

(Bild 315 + 316). Alle Amulette enthalten Gebete, Mandalas oder Bilder von Buddhas. Es gibt auch Anhänger mit dem Mantra OM (Bild 314).

Pflegerelevante Themen

Krankheit ist ein natürliches Phänomen. Jeder Mensch ist früher oder später davon betroffen. Wir alle erfahren Geburt, Krankheit, Sterben und Tod. Das ist der Lauf der Natur.

Krankheit bedeutet Leiden. Sie ist die Folge von negativer Handlung. Wir haben früher jemandem Leid zugefügt und später erfahren wir das Leid oder den Schmerz dieser unserer Handlung. Das ist karma-bedingt. Wir werden in Zukunft das erleben, was wir früher anderen angetan haben. Krankheit darf aber nicht als Bestrafung angesehen werden. Karma ist mehr zu verstehen im Sinn von „man erntet, was man sät".

Krankheit bedeutet im tibetischen Buddhismus, dass die Seele nicht im Körper ist. Um die Seele wieder zurückzuholen, werden bestimmte Rituale durchgeführt.

Psychische Krankheiten werden hier in der Schweiz nicht als problematisch angesehen. In Tibet sind sie aber eher ein Tabuthema. In Tibet gibt es keine Heime oder Kliniken für Menschen, die psychisch krank sind. Die Familie kümmert sich um sie. Psychische Krankheiten waren lange nicht bekannt unter Tibeter/innen. Sie treten aber seit der Moderne häufiger auf.

Rituale

Viele Buddhisten haben einen Hausaltar, der Bilder und Statuen von Buddhas oder Bodhisattvas und Mantras enthält. Der bekannteste ist „Om mani padme hum" (Bild 14). Bei einer Erkrankung wird die Medizin-Puja durchge-

führt. Dem Medizin-Buddha werden Opfergaben dargereicht und er wird eingeladen. Es handelt sich bei dieser Puja um eine «Reinigungszeremonie».
Alle Gebete für die Sterbenden sind die gleichen. Es gibt keine speziellen Gebete für Menschen, die durch einen Unfalltod ums Leben kommen, oder die Selbstmord begehen. Die Gebete ermahnen die mitfühlenden Buddhas und Bodhisattvas, den Verstorbenen in ihrem Leid und Schmerz zu helfen, damit sie eine glückliche Wiedergeburt erfahren oder in einem „Reinen Land" wiedergeboren werden.
Ein Lama (spiritueller Lehrer) führt spezielle Gebete und Rituale für die erkrankte Person durch und befragt das Orakel (beispielsweise mit Hilfe eines Rosenkranzes). Danach erstellt er ein Horoskop.
Die typischen Ritualgegenstände im tibetischen Buddhismus sind der Dorje (auch Vajra, «Donnerkeil» (Bild 331) und die Ghanta (Glocke; Bild 330).
In einem tibetischen Kloster werden religiöse Rituale und spezielle Gebete für die Kranken durchgeführt. Hier in der Schweiz ist vor allem das klösterliche Tibetinstitut Rikon verantwortlich für Tibeterinnen und Tibeter, die krank sind oder im Sterben liegen.

Körperpflege, Nahrung, Geschlechterbeziehung

Es bedarf keiner speziellen Behandlung in der Pflege. Es kann sein, dass Tibeter/innen viel Besuch im Spital erhalten, auch unangemeldet.
Es wird keine Unterscheidung nach Geschlechtern gemacht. Die Ernährung wird individuell gehandhabt und es bestehen keine Nahrungsvorschriften. Das Essen im Spital stellt somit kein Problem dar. Teilweise sind Buddhisten Vegetarier.

Moderne Medizin

Die moderne Medizin wird angewendet. Aber auch die traditionelle tibetische Medizin wird genutzt. Das wird sehr individuell und unterschiedlich gehandhabt. Hier in der Schweiz ist es manchmal schwierig, bestimmte Medikamente der tibetischen Medizin zu erhalten. Schmerzmittel sind auch erlaubt, denn es geht ja darum, das Leiden zu vermindern.

Die Organspende ist innerhalb des Tibetischen Buddhismus noch nicht so bekannt und verbreitet und es bestehen unterschiedliche Sichtweisen und Haltungen. Traditionellerweise wird die Leiche eines tibetischen Buddhisten während dreier Tage nicht berührt. Nach tibetisch-buddhistischer Vorstellung verweilt das Bewusstsein einer verstorbenen Person noch für drei Tage nach ihrem Ableben im Körper. Da die Organe gleich nach dem Tod (Hirntod) entnommen werden müssen, kommt die Organentnahme ihrer Vorstellung zufolge dem Töten gleich. Denn erst nach diesen drei Tagen verlässt das Bewusstsein den Körper endgültig. Das hat mit dem feinstofflichen System der Winde und Kanäle zu tun. Es gibt einen inneren und einen äusseren Wind. Der innere Wind „erlöscht" erst nach drei Tagen. Deswegen wird die Organspende nicht befürwortet.

Die Bluttransfusion ist erlaubt.

Sterben und Tod

Liegt ein Tibeter oder eine Tibeterin im Sterben, werden Mönche geholt. Sie bestimmen den weiteren Verlauf. Dem Sterbenden werden Fotos vom Dalai Lama oder anderen Lamas gezeigt und deren Lehrinhalte werden wiederholt. Mönche sind anwesend und beten. Sie rezitieren Mantras für den Sterbenden (den Buddha-Mantra oder den Medizin-Buddha-Mantra). Die Mantras werden laut gesprochen, damit die sterbende Person sie hören kann und sich an den Lama, den Buddha oder den Dharma erinnern kann. Teilweise werden die Mantras der sterbenden Person auch ins Ohr geflüstert. Sie helfen dem Sterbenden, nach dem Tod am richtigen Ort wiedergeboren zu werden.

Die Verwandten sind anwesend und geben dem Sterbenden das Gefühl, nicht alleine zu sein. Ein Lama oder Rinpoche spricht ein spezielles Gebet für die Seele des Sterbenden. Er versucht dadurch die Seele in die richtige Richtung zu führen. Im Idealfall verlässt die Seele am höchsten Punkt des Kopfes, an der Fontanelle, den Körper.

Die Sterbehilfe ist nicht erlaubt. Sie wird ähnlich wie Selbstmord interpretiert.

Die Patientenverfügung ist ein neuerer Ansatz und noch nicht so bekannt. Es wird versucht, den Sterbenden auf eine möglichst natürliche Art gehen zu lassen.

Es ist wichtig, im Moment des Todes positive Gedanken zu haben (beispielsweise gute Gedanken an den Buddha, oder in Meditation versunken sein). Positive Gedanken im Moment des Todes führen zu positivem Karma. Ist eine Person ängstlich, ist das negativ und führt zu negativem Karma. Das ist ein entscheidender Faktor.

Der Tote verbringt 49 Tage im Bardo (Zwischenzustand), ehe er sich wiederverkörpert.

Sofortmassnahmen bei Eintritt des Todes

Im Tibetischen Buddhismus wird eine verstorbene Person drei Tage lang nicht berührt. Nach diesen drei Tagen kommt ein Blutstropfen aus der Nase, was bedeutet, dass das Bewusstsein den Körper verlassen hat. Mönche halten eine Nacht lang Totenwache. Sie entscheiden auch das weitere Vorgehen.

Autopsie

Eine Autopsie ist erlaubt, wenn ein wirkliches Erfordernis dafür besteht. Es gilt wiederum die Einschränkung, dass die Autopsie erst nach drei Tagen erfolgen darf (wenn das Bewusstsein den Körper verlassen hat).

Bestattung

Die tibetische Gemeinschaft organisiert die Bestattung. In der Schweiz werden ein öffentliches Krematorium und die Abdankungshalle beim Friedhof genutzt. Die Organisation übernimmt die Familie des oder der Verstorbenen.
Repatriierung findet teilweise unter Tibetern und Tibeterinnen statt und ihre Asche wird häufig nach Tibet zurückgebracht und dort einem Fluss übergeben. Es gibt keine festgelegte Bestimmung.
Vorwiegend Kremation in der Schweiz. Die Kremation findet in einem öffentlichen Krematorium statt. Die Asche wird in einer Urne aufbewahrt oder einem Fluss übergeben. In Tibet selbst wird die Leiche häufig luftbestattet: sie wird zerstückelt, auf einen Berg gebracht und den Geiern überlassen.
Bei den tibetisch-buddhistischen Gläubigen wird ein Totenhoroskop durch einen Mönch oder Lama erstellt. Mithilfe des Totenhoroskops wird dann berechnet, welche Position die Leiche einnehmen muss und zu welcher Zeit die Kremation stattfinden soll.
Es wird nicht nach Geschlechtern unterschieden.
Bezüglich Kindsbestattungen und Frühgeburten besteht keine fixe Regelung. Es ist unklar, ob tote Kinder auch kremiert werden. Eventuell werden sie begraben.

Der Tod trifft jede Familie. Deshalb hilft man sich gegenseitig aus. Man bringt Kerzen oder bereitet Essen für die Trauerfamilie zu, leistet finanzielle Unterstützung oder betet für die Verstorbenen.

Trauerbräuche

Die Trauerfeier unter tibetisch-buddhistischen Gläubigen wird von der Familie zusammen mit Mönchen vor der Kremation durchgeführt. Die Mönche führen ein Ritual durch, das die verstorbene Person von negativem Karma reinigt. Nach der Kremation werden als Opfergaben Süssigkeiten an die Verwandten und Bekannten verteilt. Jeder, der sie isst, denkt nochmals an die verstorbene Person. Es ist eine Art Leichenschmaus. Hier in der Schweiz wird dieser Brauch häufig in einem Restaurant durchgeführt.

Sieben Wochen lang, jene Zeit, während der sich der Verstorbene im Bardo (Zwischenzustand) aufhält, wird ihm Nahrung gegeben. Das ist ein häufiger Brauch unter Tibeterinnen und Tibetern. Für die tote Person wird gebetet, dass sie eine bessere Wiedergeburt erfährt. Ein Jahr nach dem Todestag macht die Familie eine Opfergabe für den Verstorbenen.

Es gibt keine Friedhöfe und Gräber bei den tibetischen Buddhisten. Die Asche wird häufig in einer Urne aufbewahrt oder einem Fluss übergeben.

Der Name der verstorbenen Person wird nicht mehr genannt.

Kontakt

Tibet-Institut Rikon, Wildbergstrasse 10, 8486 Rikon. Telefon: 052 383 17 29. www.tibet-institut.ch info@tibet-institut.ch

IN KÜRZE
TIBETISCHER BUDDHISMUS («VAJRAYANA»)

Care Team und Notfallseelsorge

Kleidung: Keine spezielle Kleidung. Ausnahme: Mönche; sie tragen ein Mönchsgewand.
Symbole: Amulette: Bild 314, 315, 316, 317.
Was tun mit Sterbenden? Mönche rufen.
Begleitung der Familie: Mönche.
Rituale: Mönche sind dafür zuständig.
Triage: Ortsgebrauch.
Suizid: Gleich wie bei einer natürlichen Todesursache oder einem Unfall.

Krankenpflege und Spitalseelsorge

Ernährung: Nichts Besonderes zu beachten.
Kleidung: Nichts Besonderes zu beachten.
Rituale: Mönche sind dafür zuständig.
Tabus: Nichts Besonderes zu beachten
Todesfall: Benachrichtigung der Angehörigen
Religiöse Betreuung: Mönche.
Todesfall: Verstorbene Person wird drei Tage lang nicht berührt.

CHRISTENTUM

Grundlagen

Alle Religionsgemeinschaften, die auf Jesus Christus zurückgehen und ihn als massgebliche Persönlichkeit anerkennen, werden zum Christentum gezählt. Sie bilden als Gesamtheit die grösste Religion mit über 2 Milliarden Gläubigen weltweit.

Die Christen sind in mehreren hundert Kirchen und Gemeinschaften organisiert, die sich nur teilweise gegenseitig anerkennen. Die drei grössten Gruppen sind die katholischen Kirchen, die ostkirchlichen Orthodoxen und die Kirchen der Reformation. In diesem Buch werden weiterhin die christkatholischen, die neuapostolischen und die freikirchlich-baptistischen Gemeinden sowie die Kirche Jesu Christi der Heiligen der Letzten Tage («Mormonen») und die Zeugen Jehovas vorgestellt, da sie die bedeutendsten christlichen Minderheiten in der Schweiz darstellen. Einiges ist gemeinsam, manches aber auch verschieden. Darum sollen hier zuerst die Gemeinsamkeiten und in den folgenden Kapiteln das Spezifische dargelegt werden.

Gemeinsame Basis der christlichen Strömungen ist der Glaube an den einen Gott, der sich in Jesus von Nazareth den Menschen offenbart hat. Christen glauben, dass der erwartete Erlöser der Menschheit in Jesus erschienen ist, dass er gekreuzigt wurde und starb, dass er aber vom Tode auferstanden ist.

Sein Tod wird traditionellerweise als Opfertod gedeutet, mit dem er die Menschen von ihren Sünden erlöst hat. Deshalb wird Jesus als der vom Judentum erwartete Messias verehrt (das hebräische Wort Messias und das lateinische Wort Christus bedeuten «der Gesalbte»),

als Gottes Sohn und Erlöser. Die Christen glauben, dass damit die Botschaft Jesu (Evangelium) bestätigt wurde, die sagt, Gottes Reich und Herrschaft seien nahe herbei gekommen. Sie erwarten die erneute Wiederkunft Jesu, ein Endgericht über die Lebenden und Toten.
Das für alle Christen grundlegende heilige Buch ist die Bibel.
Verletzt ein Christ die ethischen Regeln des Zusammenlebens zwischen den Menschen oder lehnt er Gottes Liebe und Gnadenangebot ab, begeht er im Sinne vieler Kirchen «Sünde». Dies ist ein Zustand der Trennung vom Göttlichen, weshalb Sünde vergeben werden muss. Ausmass und Art der Sünden werden nach seinem Tod bestimmen, ob der Mensch in ein Reich der Gottesnähe oder –ferne gelangt (die genauen Vorstellungen sind hier teilweise sehr unterschiedlich).

Das apostolische Glaubensbekenntnis zeigt uns die Grundzüge des christlichen Glaubens:
«Ich glaube an Gott, den Vater, den Allmächtigen,
den Schöpfer des Himmels und der Erde
und an Jesus Christus, seinen eingeborenen Sohn, unseren Herrn,
empfangen durch den Heiligen Geist, geboren von der Jungfrau Maria,
gelitten unter Pontius Pilatus, gekreuzigt, gestorben und begraben,
hinabgestiegen in das Reich des Todes, am dritten Tage auferstanden von den Toten, aufgefahren in den Himmel,
er sitzt zur Rechten Gottes, des allmächtigen Vaters,
von dort wird er kommen, zu richten die Lebenden und die Toten.
Ich glaube an den Heiligen Geist, die heilige allgemeine

christliche Kirche,
Gemeinschaft der Heiligen, Vergebung der Sünden,
Auferstehung der Toten und das ewige Leben.»

Jenseitsvorstellungen

Der Mensch gilt im Christentum als von Gott als dessen Ebenbild geschaffen, aus Erde geformt, versehen mit einem Geist und – für fast alle Kirchen - einer unsterblichen Seele. Ursprünglich kannte die Schöpfung keinen Tod. Da aber die ersten Menschen im Paradiesgarten Gott gegenüber ungehorsam waren, kamen Trennung, Sünde und auch Gebrechen und Sterblichkeit in die Welt. Leben und Tod von Jesus Christus haben diesen Makel behoben für diejenigen, die sich ihm im Glauben anschliessen: Seine Auferstehung ist darum Sinnbild für die Hoffnung der Christen, dass auch sie dereinst auferstehen, ins Paradies eingehen und von ihren Sünden erlöst ein ewiges Leben haben werden. Die Überwindung des Todes wird der letzte Sieg Gottes sein.

Der auferstandene Christus wird im Verständnis der Christen wiederkehren, um die Toten aufzuerwecken und sie zusammen mit den dann Lebenden gemäss ihrer Taten in einem «jüngsten Gericht» zu richten.

Pflegerelevante Themen

Krankheit und Gebrechen, theologisch als Folge der Erstverschuldung gegen Gott beschrieben, werden heute meist einfach als Teil des Lebens betrachtet. Manche Christen betrachten sie für sich selbst als Prüfung, den meisten aber ist sie vor allem ein Mysterium. Christen sind sich gewiss, dass es im Reich Gottes keine Krankheit mehr geben wird.

Rituale und Gebete

Im persönlichen Gebet suchen Christen die Zwiesprache mit Gott. Das Lesen der Bibel gehört zur persönlichen Glaubenspraxis.

In den Gottesdiensten versammelt sich die Gemeinde, um gemeinsam zu beten, das Wort Gottes zu hören und die Eucharistie oder das Abendmahl zu feiern im Gedenken an das letzte Abendmahl Jesu mit seinen Jüngern. Meist finden die Gottesdienste sonntags statt, da der Sonntag als Tag der Auferstehung Jesu gilt. Manche christlichen Gruppen feiern auch an andern Tagen oder mehrmals in der Woche Andachten und Gottesdienste.

Das Wort Sakrament bedeutet wörtlich «Heilszeichen». Darunter werden Riten verstanden, die als sichtbare Zeichen Gottes Wirklichkeit vergegenwärtigen oder zumindest versinnbildlichen. Die christlichen Gemeinschaften kennen in diesem Verständnis eine je verschiedene Anzahl von sakramentalen Riten. Den hier vorgestellten Gruppen sind nur zwei gemeinsam: Die Wassertaufe, die den Menschen in die christliche Gemeinschaft aufnimmt, und das Abendmahl (Eucharistie) zum Gedenken an das letzte Abendmahl Jesu mit seinen Jüngern, dem Gläubigen verabreicht als Hostie und Wein oder Brot und Traubensaft.

Ernährungsvorschriften

Christen kennen keine besonderen Ernährungsvorschriften. Religiöse Hintergründe hat einzig ein etwaiger, aber heute recht selten gewordener Verzicht auf Fleisch an Freitagen (da Jesus der Überlieferung nach an einem Freitag starb, verzichtet man auf diesen Genuss; Fisch ist allerdings erlaubt). Ausnahmen und spezielle Fastenzeiten werden in den Kapiteln zu den spezifischen Ge-

meinschaften erwähnt.
Natürlich kommen auch ein persönlich begründeter Vegetarismus, Veganismus oder Unverträglichkeiten vor; sie sollten mit dem Patienten oder der Patientin direkt besprochen werden.

Geschlechterbeziehungen

Das Verhältnis zwischen Mann und Frau ist im Christentum heutzutage allgemein sehr entspannt. Natürlich gab es immer wieder verschiedene theologische Auseinandersetzungen über geschlechtlich gefärbte Aspekte des Menschseins und manchmal auch Auswirkungen auf die Glaubenspraxis (zum Beispiel die Verwehrung verschiedener kirchlicher Ämter für Frauen). Im Alltag gilt jedoch der Grundsatz der Gleichberechtigung. In der Pflege gibt es ausser der natürlichen Schamgrenze nichts Besonderes zu beachten. Es ist aber denkbar, dass gerade diesbezüglich oft der Wunsch aufkommen wird, von einer Person gleichen Geschlechts gepflegt zu werden. Die Ausführung wird von den Möglichkeiten des Pflegeumfelds und der Verständigung mit dem Patienten oder der Patientin abhängig sein.

Haltung gegenüber der modernen Medizin

Heutzutage sind christliche Gruppen für die moderne Medizin mit ihren invasiven Praktiken, den Möglichkeiten zu Bluttransfusion und Organspende sowie zu allfällig nötigen Autopsien offen geworden. Der Entscheid liegt jeweils beim einzelnen Patienten. Darum gilt es in jedem Fall, die persönliche Patientenverfügung zu beachten. Eine Ausnahme bilden hier die Zeugen Jehovas mit ihrer strikten Ablehnung der Bluttransfusion (siehe entsprechendes Kapitel).

Sterben und Tod

Einem Menschen, der im Sterben liegt, sollte grösstmögliche Erleichterung und Schmerzlinderung verschafft werden. Das Beisein der Angehörigen sollte ermöglicht werden. Oft sind Riten wie die Kommunion oder Krankensalbung respektive Segnung erwünscht. Viele Angehörige wünschen sich zumindest eine Segenshandlung für die Sterbenden.

Sterbehilfe

Manche christlichen Kirchen und Gemeinschaften tolerieren heutzutage unter Absprache mit den Angehörigen die passive Sterbehilfe (Verzicht auf lebensverlängernde Behandlungen oder deren Abbruch, wenn der Tod bald zu erwarten ist, unter Zustimmung des Patienten) sowie die indirekte Sterbehilfe (die ärztliche Verordnung schmerzlindernder Medikamente an Todkranke, die als unbeabsichtigte, aber unvermeidbare Nebenfolge den Todeseintritt beschleunigen können). Aktive Sterbehilfe, also die gezielte Lebensverkürzung durch Tötung auf Verlangen des Patienten durch eine Drittperson, wird weltanschaulich abgelehnt und ist auch von gesetzlicher Seite strafbar. Wichtig ist ein würdiger Tod.

Sofortmassnahmen bei Eintritt des Todes

Der Leichnam wird flach gebettet. Es werden ihm die Augen geschlossen, die Hände oftmals auf der Brust gekreuzt, der Unterkiefer gestützt. Das erste Waschen, Kämmen und Ankleiden erfolgt in der Regel durch das Pflegepersonal, kann aber auch die Angehörigen miteinbeziehen. Oft wird dem Verstorbenen ein religiöses Symbol wie ein Kreuz oder ein Rosenkranz in die Hände gelegt oder eine offene Bibel neben das Totenbett gelegt.

In einigen Einrichtungen wird als Brauch noch eine Kerze angezündet. Eventuell wird der Leichnam mit einem Laken abgedeckt und die Fenster geöffnet.

Bestattung

In der Schweiz ist der Staat für das Bestattungswesen zuständig. Die meisten Friedhöfe gehören Gemeinden oder Städten. Somit ist die Sicherstellung einer menschenwürdigen Bestattung gewährleistet, auch wenn man keine Kirchensteuer bezahlt hat. Allerdings hat man dann offiziell kein Anrecht auf eine Abdankung durch einen Vertreter einer Landeskirche.

Die meisten Christen in der Schweiz sind im Land aufgewachsen oder haben sich fest niedergelassen. Repatriierungswünsche für Verstorbene kommen daher recht selten vor und wenn, dann vor allem bei Mitgliedern von orthodox-christlichen Gruppen.

Aus den christlichen Schöpfungs- und Jenseitsvorstellungen ergab sich, dass lange Zeit die Erdbestattung die für Christen einzig richtige und erlaubte Bestattungsart war. Dabei bezog man sich zum einen auf die Bibelstelle «Von Erde bist du genommen, zu Erde sollst du wieder werden» und auf das Vorbild von Jesus, der begraben und nicht kremiert wurde. Man glaubte, die Verbrennung von Menschen, ob lebendig oder tot, in den Schriften immer nur als Ausdruck von Gottes Zorn zu finden. Die Erdbestattung galt darum als gottgefällig und natürlich, die Verbrennung aber als Übertretung der eigenen Befugnisse, da dem Menschen sein Körper nicht gehört, sondern nur geliehen worden sei.

In der Mitte des 19. Jahrhunderts begannen im westeuropäischen Raum wieder ernsthafte Debatten um die

Feuerbestattung: Rationalisten galt sie als modern-aufgeklärte, platzsparende, hygienischere und ökonomische Bestattungsart. Teilweise war sie auch mit einer Ablehnung des Glaubens an die Fortexistenz der Seele nach dem Tod verbunden und wurde von Freidenkergruppen als Kampfmittel gegen die Kirche verwendet.

1963 hob die römisch-katholische Kirche das allgemeine Verbot der Feuerbestattung auf, aber sie empfiehlt weiterhin die Erdbestattung. Die evangelische Kirche akzeptierte die Einäscherung bereits in den 1920er Jahren. Heute gibt es noch einige wenige christliche Gruppen, die die Erdbestattung vorschreiben oder zumindest empfehlen; generell kann man aber sagen, dass dieser Frage die theologische Schärfe genommen wurde. Das zeigt sich vor allem daran, dass sich schweizweit, je nach Region, zwischen 50 und 80% der christlichen Gläubigen im Todesfall kremieren lassen. In der Regel werden auch Verstorbene ohne Nachkommen und ohne anderweitige Verfügungen sowie verstorbene Touristen ohne auffindbare Angehörige kremiert und im Gemeinschaftsgrab beigesetzt.

Eine christliche Bestattung kennt traditionellerweise bis zu drei verschiedene Stationen: die Kirche, in der der Gottesdienst und manchmal noch eine Eucharistie gefeiert werden, die Aussegnungshalle, von wo der Tote in einer Prozession zum Grab begleitet wird, und das Grab, in das der Sarg oder die Urne gesenkt wird. Heutzutage fällt die Station der Aussegnungshalle allerdings oft weg, und der Tote wird am Grab verabschiedet.
Für Kinderbestattungen stehen spezielle Kinderurnen und Kindersärge zur Verfügung. Frühgeburten bekommen teilweise ein eigenes Grab oder werden dem schon

bestehenden Grab eines Familienmitglieds beigesetzt. Manchmal existiert auch ein explizites Gemeinschaftsgrab für Frühgeburten, wo Asche oder kleine Särge und Urnen Platz haben.
Die Entwicklung der Bestattungs- und Trauerkultur ist insgesamt alles andere als einheitlich.

Trauerbräuche

Im Christentum gab es früher verschiedenartige Trauerbräuche, etwa das Tragen von schwarzer Kleidung für eine gewisse Zeit oder das temporäre Fernbleiben von freudigen Veranstaltungen. Heutzutage wird dies nicht mehr so strikt eingehalten. Allerdings kennen die meisten christlichen Gruppen spezifische Totengedenktage oder spezielle Feiern in der Gemeinde (siehe jeweilige Kapitel). Der Grabbesuch gestaltet sich individuell.

In der Regel wird der Trauerfamilie die Anteilnahme durch direktes Ansprechen oder Kondolenzkarten bezeugt. Es werden auch Besuche abgestattet und eventuell Blumen und andere Aufmerksamkeiten geschickt. Teilweise wird in der Todesanzeige oder im Leidzirkular durch die Angehörigen der Vermerk angebracht, lieber einer gemeinnützigen Institution Geld statt der Trauerfamilie Blumen zu spenden.

Spezialfragen
Suizid

Suizid wurde im Christentum lange strikt abgelehnt und als grosse Sünde betrachtet. Denn erstens widersprach eine solche Handlung aus theologischer Sicht dem Gebot, nicht zu töten, andererseits galt der Körper als von Gott gemacht und das Leben als von ihm geschenkt. Somit verging man sich mit Suizid in doppelter Weise gegen seinen

Schöpfer. Im Mittelalter wurden Selbstmörder ausserhalb der Friedhofsmauer und ohne Messe begraben. Diese Zeiten sind vorbei, auch hier wird vieles in neuem Licht betrachtet. Depression zum Beispiel wird als ernstzunehmende Erkrankung angesehen und das Richten über die Taten des Menschen, auch einen allfälligen Suizid, alleine Gott überlassen. Wer heutzutage Suizid begeht, wird gleich wie ein andersartig Verstorbener behandelt und in gleicher Weise beigesetzt. Nur sehr selten weigern sich in sehr konservativen Gemeinden kirchliche Würdenträger, in solchen Fällen den Abdankungsgottesdienst zu halten. Der Fokus liegt heute auf der bestmöglichen seelischen Betreuung der Angehörigen.

RÖMISCH-KATHOLISCHE KIRCHE

Grundlagen

Das Wort «katholisch» bedeutet «allgemein, allgemein gültig». Somit ist die römisch-katholische Kirche nicht die einzige, die sich selbst als katholisch sieht; der Genauigkeit halber wird sie darum römisch-katholisch genannt. Ihre strukturelle Besonderheit ist das Papstamt, das heisst die Anerkennung des Bischofs von Rom als Nachfolger des Apostels Petrus, der als Kirchenoberhaupt und oberster Gesetzgeber fungiert. Die römisch-katholische Kirche betrachtet sich mit der um das Jahr 30 entstandenen Urkirche in ununterbrochener Kontinuität stehend und nimmt auch die direkte Gründung durch Jesus Christus in Anspruch.

Sie kennt 7 Sakramente, durch die Gott das Heil schenkt: Taufe, Firmung, Eucharistie, Sündenvergebung, Krankensalbung, Weihesakrament für Priester und Ehe. Eine inhaltliche Besonderheit ist die Marien- und Heiligenverehrung.

Die römisch-katholische Kirche ist mit weltweit ca. 1.18 Milliarden Gläubigen die grösste religiöse Gruppierung der Welt sowie die zahlenmässig grösste Kirche innerhalb des Christentums. In der Schweiz gehört sie zu den Landeskirchen oder öffentlich-rechtlichen Körperschaften. Ihr gehören gegenwärtig über 3 Millionen Gläubige an.

Jenseitsvorstellungen

Die offizielle katholische Lehrmeinung geht davon aus, dass der Mensch im Moment des Todes in einem besonderen Gericht die ewige Vergeltung empfängt. Das besondere am römisch-katholischen Glauben ist der Glaube an

einen Zwischenzustand zwischen «Himmel» und «Hölle», die «Fegefeuer» oder «Purgatorium» genannt wird.
Im «Himmel», dem Zustand der Gottesnähe, erfährt der Mensch eine Lebens- und Liebesgemeinschaft mit dem dreieinigen Gott und allen Heiligen. Wer sich freiwillig dazu entscheidet, Gott nicht zu lieben, verdammt sich gemäss römisch-katholischem Glauben direkt nach dem Tod selbst zum Leben in der «Hölle»: dies ist der Zustand ewiger Trennung von Gott, als eine Art unauslöschliches Feuer dargestellt.
Das Purgatorium oder Fegefeuer kann dabei als Zwischenzustand dienen für diejenigen, die in der Gnade Gottes sterben, aber noch einer Läuterung bedürfen, bis sie in den Himmel eingehen können.

Symbole und Kleidung

Römisch-katholische Christen kennen keine besondere Kleidung. Manche tragen das Kreuzzeichen (Bild 1), das Taukreuz (Bild 302) oder die Taizé-Taube oder Taizé-Kreuz (Bild 301). Im Auto haben einige einen Rosenkranz (Bild 304) oder ein Kruzifix (Bild 305) aufgehängt. Manche haben eine Plakette von St. Christophorus mit Christus angeklebt (Bild 303).

Pflegerelevante Themen

Theologisch gesehen betrachtet der römisch-katholische Glaube Gebrechen und Tod als Folge der Erstverschuldung der Menschen gegen Gott. Betont wird aber auch, dass Krankheit und Sterben als Teilhabe am Leiden Jesu zum Leben gehören und nicht als Strafe, sondern als Aufgabe zu sehen sind, als Erfahrungen, in denen Gott auch zu finden ist. Darum soll der Gläubige Leiden – «das Kreuz» – geduldig ertragen und den Tod ergeben auf sich nehmen.

Die meisten Schweizer Krankenhäuser verfügen über hauseigene römisch-katholische Seelsorger, die Krankenbesuche leisten, sowie verschiedene Angebote der Klinikseelsorge und auch Gottesdienste. Auf Wunsch des Patienten kann eventuell auch ein anderer, ihm bekannter Seelsorger eingeladen werden.
Von den sieben Sakramenten können vier in der Pflegesituation relevant werden: die Taufe, die Eucharistie, die Beichte und die Krankensalbung.

Die Taufe nimmt den Menschen in die Gemeinschaft der Gläubigen auf und wäscht ihn von der «Ursünde» rein. Deshalb war es für römisch-katholische Gläubige oft existentiell, ob ein Neugeborenes mit nur sehr kurzer Lebenserwartung noch getauft werden konnte oder nicht. Heute hat sich diese Praxis gelockert. Ohne Taufe verstorbene Kinder werden der Barmherzigkeit Gottes anvertraut, und man spricht Gebete für sie.
Die Taufe kann bei Todesgefahr von jedem Menschen gespendet werden, unter Einhaltung der trinitarischen Formel («Ich taufe dich im Namen des Vaters und des Sohnes und des Heiligen Geistes»).
Die übrigen Sakramente können nur durch Priester und Bischöfe gespendet werden. Der Krankenhausseelsorger kann für die Vermittlung des Empfangs der Eucharistie angefragt werden. Wer nicht mehr schlucken kann, dem kann die Hostie in Wasser gelöst verabreicht werden. Oft geht der Kommunion noch *die Beichte* voraus. Der Gläubige bekennt seine Sünden vor dem Priester, der ihn von ihnen losspricht. Heute steht jedoch mehr der stärkende Aspekt als der der Sündenvergebung im Vordergrund.

Die Krankensalbung kann nur durch einen Priester geschehen. Sie wird jenen gespendet, deren Gesundheitszustand bedrohlich angegriffen ist oder die vor einer schweren Operation stehen. Dabei werden dem Kranken Stirn und Hände mit vom Bischof gesegnetem Olivenöl (notfalls geht auch ein anderes, vom Priester gesegnetes Pflanzenöl) gesalbt und um die Wegnahme aller geistigen und körperlichen Schmerzen gebetet. Die Salbung wird bewusst an den Anfang eines Krankheitsverlaufes gesetzt und gegebenenfalls mehrfach wiederholt. Auch betagten Menschen, deren Kräftezustand sehr geschwächt ist, kann die heilige Salbung gespendet werden, auch wenn keine ernsthafte Erkrankung ersichtlich ist - oft in Gemeinschaftsfeiern. Beichte, Krankensalbung und Kommunion werden am Krankenbett oft in einer Feier verbunden.

Römisch-katholische Gläubige kennen keine besonderen Nahrungsvorschriften. Manche essen freitags kein Fleisch; der Aschermittwoch ist ein zusätzlicher Abstinenztag, an dem auf Fleisch verzichtet wird. Dazu kommt die 40-tägige Fastenzeit vor Ostern. In dieser Zeit wird auf das verzichtet, was nicht unbedingt nötig ist. Oft betrifft dies auch Sucht- und Genussmittel. An den Sonntagen in der Fastenzeit muss aber nicht gefastet werden.

Auch Schwache, Kranke, Schwangere und Kinder müssen nicht fasten. Falls das Thema in der Pflegesituation doch einmal aufkommt, sollten eventuelle Wünsche direkt mit dem Patienten oder der Patientin besprochen werden.

Sterben und Tod

Ein sterbender Mensch sollte nicht alleingelassen werden, ausser, wenn er es wünscht. Die Angehörigen sollten beten, singen, aus der Bibel lesen und in körperlichem Kontakt mit dem Sterbenden bleiben. Wenn ihm bestimmte religiöse Symbole wie etwa ein Kreuz, ein Rosenkranz, eine Bibel oder auch eine Kerze wichtig sind, sollten sie nach Möglichkeit gebracht werden. Falls er ein Sakrament wie eine letzte Kommunion, Beichte oder Salbung möchte, sollte ihm das ermöglicht werden (Anfrage ans Pfarramt).

Die Totenwache im Trauerhaus, im Leichenhaus oder in der Kirche bietet Zeit für Abschiednahme. Davor findet eine Aussegnung des Leichnams statt (auch durch die Verwandten), die die Besprengung mit Weihwasser, Gebete und Fürbitten beinhaltet.

Bestattung

Die römisch-katholische Kirche akzeptiert heute sowohl Erd- als auch Feuerbestattung, empfiehlt aber die Erdbestattung. Diese kennt traditionellerweise 3 Stationen: die Kirche, wo die Begräbnismesse stattfindet, die Aussegnungshalle, wo der Tote am Sarg verabschiedet wird und mit einer Prozession zum Grab begleitet wird, und das Grab selbst, das gesegnet wird und in das der Sarg abgesenkt und von den Angehörigen mit Weihwasser besprengt und mit Erde und Blumen bestreut wird. Allerdings ist der Sarg immer öfter bei Bestattungen während der Messe in der Kirche nicht präsent und wird auch immer seltener vor den Augen der Angehörigen abgesenkt. Die römisch-katholische Tradition verwendet dabei Weihrauch.

Bei der Feuerbestattung existieren demnach nur 2 Stationen. Hier kann die liturgische Feier und Verabschiedung schon vor der Einäscherung oder erst bei der Beisetzung der Urne stattfinden.

Die Entwicklung der Bestattungs- und Trauerkultur ist

aber alles andere als einheitlich. Oft finden Erdbestattungen nur noch in der Kirche und am Grab statt. Neben kirchlichen gibt es auch immer mehr weltliche Trauerfeiern; statt der Eucharistie finden auch öfter schlichte Gedenkfeiern statt. Menschen, die ohne Angehörige sterben, werden von Amtes wegen oft ohne jede Feier bestattet. Zelebrant ist dabei ein Diakon oder Priester.
Wenn ein kirchliches Begräbnis nicht erlaubt oder vom Verstorbenen nicht erwünscht ist, trägt der Zelebrant keine liturgische Kleidung und kümmert sich vor allem um die Hinterbliebenen. Es gibt kein amtliches Gebet für den Verstorbenen und keine Begräbnismesse.
Es gibt keine rituellen Vorgaben für den Fall einer Totgeburt, der Fokus liegt auf der seelsorgerlichen Betreuung der Eltern. Man vertraut darauf, dass Gott solche Kinder auch ohne Taufe zu ewiger Freude führen wird. Auf Wunsch kann ein kleines Ritual wie zum Beispiel die Segnung des Fötus stattfinden.

Trauerbräuche

Es gibt in manchen Pfarrgemeinden, Hospizvereinen und katholischen Bildungswerken Trauergruppen, die Angehörigen Unterstützung anbieten. Darüber hinaus zu erwähnen ist die stark in der Palliativmedizin tätige Hospizbewegung, die sich dafür engagiert, dass der Sterbende nicht allein ist.
In der katholischen Kirche sind Bitten für die Verstorbenen üblich. Schon am Abend vor der Beerdigung wird das Sterbegebet gesprochen, das Fürbitten enthält. Auch das eucharistische Opfer wird für die Verstorbenen dargebracht. Verstorbenen, die sich noch im Läuterungszustand des Fegefeuers befinden, soll hiermit geholfen werden.

Allerheiligen (1. November) und Allerseelen (2. November) sind Tage, an denen Katholiken der Toten gedenken. Besonders an Allerseelen steht die Rettung der armen Seelen aus dem Fegefeuer im Zentrum; durch Gebet, Almosen und Fürbitte soll ihr Leiden erleichtert werden. Mancherorts werden noch Gräbersegnungen vorgenommen und die Gräber mit Lichtern geschmückt. Im Gottesdienst werden die Namen all derer vorgelesen, die im letzten Jahr gestorben sind, und für jeden Verstorbenen eine Kerze angezündet.

Weitere, individuelle Gedenktage sind der 7. und der 30. Tag nach dem Tod sowie der Jahrestag. Nach altem Brauch wurde der Trauerfamilie nach dem Todesfall eine 30 Tage währende Schonfrist gewährt, das heisst, Rechnungszustellungen wurden verzögert etc., damit die Familie ungestört trauern konnte. Dieser Brauch ist heute seltener vorzufinden.

Die Grabbepflanzung kann durch die Hinterbliebenen oder einen beauftragten Gärtner durchgeführt werden.

Kontakt

Am besten verständigt man das lokale römisch-katholische Pfarramt. Die meisten Pflegeinstitutionen sind bereits entsprechend vernetzt.
www.kath.ch

IN KÜRZE
RÖMISCH-KATHOLISCHE KIRCHE

Care Team und Notfallseelsorge

Kleidung: Keine spezielle Kleidung.
Symbole: Eventuell: Kreuzzeichen (Bild 1), Taukreuz (Bild 302). Auto: Rosenkranz (Bild 304), Kruzifix (Bild 305), Plakette von St. Christophorus mit Christus (Bild 303).
Was tun mit Sterbenden?
Begleitung, Gebet, Gesang, Körperkontakt, eventuell letzte rituelle Zeichen wie Kommunion, Beichte oder Salbung.
Begleitung der Familie: Seelsorger, Priester.
Rituale: Seelsorger, Priester.
Triage: Übliche Abläufe.
Suizid: Gleich wie bei einer natürlichen Todesursache oder einem Unfall.

Krankenpflege und Spitalseelsorge

Ernährung: Bestimmte Fastenzeiten.
Kleidung: Nichts Besonderes zu beachten
Geschlechterbeziehung: Nichts Besonderes zu beachten.
Rituale: Taufe, Eucharistie, Krankensalbung, Beichte
Tabus: Nichts Besonderes zu beachten.
Todesfall: Übliche Abläufe

CHRISTKATHOLISCHE (ALTKATHOLISCHE) KIRCHE

Grundlagen

Die christkatholische (international: «altkatholische») Kirche ist eine selbständige katholische Kirche und mit rund 13'000 Gläubigen die kleinste Landeskirche der Schweiz. Ihren geschichtlichen Ursprung hat sie in theologischen Abspaltungen von der römisch-katholischen Kirche um 1870, da sie das Dogma der Unfehlbarkeit des Papstes sowie seine rechtlich festgelegte bischöfliche Allgewalt über die ganze katholische Kirche nicht anerkannte. Sie teilt das Sakramentsverständnis der römisch-katholischen Kirche. Im Kirchen- und Amtsverständnis gibt es aber aus naheliegenden Gründen (Jurisdiktionsprimat und Papstamt in der römisch-katholischen Kirche) tiefgreifende Unterschiede. Ausserdem hat die Christkatholische Kirche Neuerungen wie die Zulassung der Frau zu kirchlichen Ämtern und die Möglichkeit der Priester zur Heirat eingeführt. Sie nennt sich christkatholisch, um zu betonen, dass ihrer Überzeugung nach allein Christus und nicht der Papst das Haupt der katholischen Kirche ist. Ihr Ziel ist die Wiedervereinigung der Kirchen auf altkirchlicher Grundlage.

Jenseitsvorstellungen

Der Seelenzustand nach dem Tod ist nicht klar und nicht zu beschreiben. Man stellt sich vor, dass der Verstorbene in der Liebe Gottes geborgen ist, egal, wie er gelebt hat. Die Hölle wird sinnbildlich verstanden: der Mensch schafft sie sich selbst auf Erden. Der Fokus liegt auch nicht auf dem jüngsten Gericht; die Bibel soll zeitgemäss

gedeutet werden.
Die Auferstehung der Toten wird stattfinden, allerdings sind die Vorstellungen nicht klar, ob dies im leiblichen Sinne geschieht.

Symbole und Kleidung

Es gibt, ausser bei Würdenträgern, keine spezielle Kleidung. Es existiert ein christkatholisches Logo, das ein Kreuz auf einem Fisch stehend darstellt, der nach links oder auch nach rechts schwimmen kann; sehr selten kann man dieses Symbol als Schmuck oder Pin antreffen (Bild 3). Es ist allerdings zu beachten, dass auch andere christliche Gruppen diese beiden Symbole manchmal kombinieren.

Pflegerelevante Themen

Krankheit ist Teil des physischen Lebens.

Rituale

Die christkatholische Kirche kennt die gleichen Sakramente wie die römisch-katholische Kirche. Wenn ein Patient oder eine Patientin die Eucharistie wünscht, kann ein Pfarrer verständigt werden, der ihm oder ihr eine konsekrierte Hostie bringt. Ansonsten gibt es in Pfarrgemeinden auch Besuchsteams.
Christkatholiken kennen auch die Salbung von Kranken mit gesegnetem Öl angesichts schwerer, bedrohlicher Erkrankung. Gesalbt werden nach Möglichkeit Stirn, Brust und Hände, nachdem der Pfarrer dem Kranken die Hand aufgelegt hat. Diese Salbung kann wiederholt stattfinden. Gegebenenfalls folgt ihr die Kommunion.
Die Beichte wurde der freien Entscheidung der Gläubigen überlassen und wird je nach Bedürfnis verlangt.

Speisevorschriften

Die christkatholische Kirche kennt keine besonderen Nahrungsvorschriften. Die Fastenzeiten sind gleich wie im römisch-katholischen Glauben (Aschermittwoch bis Ostersonntag und 1. Advent bis 25. Dezember) und sind freiwillig zu begehen. Worauf man verzichtet, entscheidet man selbst; es können zum Beispiel auch liebgewonnene Tätigkeiten sein. Die Gesundheit muss Vorrang haben.

Sterben und Tod

Der Pfarrer besucht den Sterbenden und bringt ein Gebetsbuch mit, Öl, eine Hostie, Weihwasser, Kerzen, ein Kreuz und seine Stola. Wichtig sind Zuspruch, Zuhören, Gebete, Berühren und eventuell das Lesen von Psalmen. Man empfiehlt den Sterbenden der Gnade Gottes an, kann ihm auch ein Kreuz in die Hand geben und eine Kerze anzünden, nach Möglichkeit die Taufkerze. Es kann eine letzte Kommunion, als „Wegzehrung" verstanden, gespendet werden.

Wo Sterbende nicht mehr ansprechbar sind, ist die Salbung mit Krankenöl ein zeichenhafter Ersatz und soll die Zuwendung Gottes ausdrücken.

Am Totenbett können eine brennende Kerze, ein Kruzifix und eine Weihrauchschale aufgestellt werden. Die Anwesenden können beten und den Leichnam mit Weihwasser besprengen. Auch im Aufbahrungsraum kann eine Andacht mit Gebet und Beräucherung des Leichnams oder Besprengung mit Weihwasser stattfinden.

Bestattung

Trauerhaus, Abdankungshalle und Kirche sind mögliche Orte für die Abdankung, auf welche in der Regel die Beisetzung auf dem Friedhof folgt. Jedoch finden sich diese

Elemente in unterschiedlicher Weise und richten sich nach örtlichen Gebräuchen. Heutzutage ist oft nur eine Beisetzungsfeier am Grab erwünscht, so dass Kirche und Abdankungshalle als Stationen wegfallen. Manchmal wird nur ein Totengedächtnis ohne Eucharistiefeier gewünscht. Es gibt keine Vorschriften oder Empfehlungen zur Bestattungsart (Erd- oder Feuerbestattung).

Die Einrichtung der Nottaufe existiert, wird aber eher selten praktiziert. Auf Wunsch der Eltern kann sie durchgeführt werden. Ist das Kind schon tot geboren, kann es gesegnet werden.

Für allgemeine Hilfestellung kann man sich an die jeweilige Kirchgemeinde oder an das nationale Bistum wenden.

Trauerbräuche

Ist der Verstorbene noch nicht beigesetzt, wird er im folgenden Sonntagsgottesdienst erwähnt. Der Sonntagsgottesdienst nach der Beisetzung erwähnt den Verstorbenen nochmals in den Gedächtnissen. In ländlichen Gemeinden wird je nach örtlichem Brauch zusätzlich am 30. Tag ein Gedenken gefeiert. Ebenfalls wird das Jahresgedächtnis begangen.

Allerseelen gilt als Tag des Gedenkens; alle im letzten Jahr Verstorbenen werden im Gottesdienst erwähnt und ihre Angehörigen dazu speziell eingeladen. Man zündet Kerzen an.

Die Grabpflege wird speziell an Allerheiligen und Allerseelen durch die Angehörigen durchgeführt.

Kontakt

Christkatholische Kirche der Schweiz, Bischöfliches Sekretariat und Informationsstelle. Willadingweg 39, 3006 Bern. Tel: 031 352 83 10. www.christkatholisch.ch

IN KÜRZE
CHRISTKATHOLISCHE (ALTKATHOLISCHE) KIRCHE

Care Team und Notfallseelsorge

Kleidung: Keine spezielle Kleidung.

Symbole: In seltenen Fällen Logo (Bild 3) als Pin getragen. Achtung: Fisch und Kreuz können auch von anderen christlichen Gemeinden verwendet werden.

Was tun mit Sterbenden? Auf die Wünsche des Sterbenden eingehen. Verständigung der Angehörigen und eines christkatholischen Pfarrers.

Begleitung der Familie: Durch Seelsorger / Pfarrer

Rituale: *Wer wird dafür gerufen?* Pfarrer

Triage: Übliche Massnahmen

Suizid: Gleich wie bei einer natürlichen Todesursache.

Krankenpflege und Spitalseelsorge

Ernährung: Bestimmte Fastenzeiten.

Kleidung: Nichts Besonderes zu beachten.

Rituale: Taufe, Abendmahl, Krankensalbung, eventuell Nottaufe oder Segnung, bei Bedarf Gespräch mit Beichtcharakter.

Tabus: Nichts Besonderes zu beachten.

Todesfall: Benachrichtigung der Angehörigen und der Kirchgemeinde

Religiöse Betreuung: Durch Besuchsteams der lokalen Seelsorge und den Pfarrer.

EVANGELISCH-REFORMIERTE KIRCHEN

Grundlagen

Die reformierte Kirche ist eine Landeskirche, die aus den reformatorischen Aufbrüchen im 16. Jahrhundert hervorgegangen ist. Damals spalteten sich aus theologischen und strukturellen Gründen protestantische Kirchen von der römisch-katholischen ab. Die sogenannten «Protestanten», zu denen neben den Reformierten auch die Lutheraner und viele Freikirchen gehören, lehnen bis heute das Primat des Papstes ab.

Reformierte Kirchen legen Wert auf Eigenverantwortung und auf individuelle Freiheit, gerade auch in der Bibelauslegung; eine zentrale Lehr- und Auslegungsinstanz wird abgelehnt. Die Bibel gilt als einzige Richtschnur der Gläubigen. Da sich reformierte Christen allein dem Evangelium von Jesus Christus verpflichtet fühlen und keinen anderen Auftrag kennen, als dieses Evangelium mit ihrem Glauben, Lehren und Leben zu bezeugen, werden sie auch evangelisch genannt.

Weltweit wird die Zahl der reformierten Christen auf etwa 75 Millionen geschätzt. In der Schweiz liegt die Mitgliederzahl der zum Schweizerischen Evangelischen Kirchenbund gehörigen Kirchen bei rund 2,4 Millionen.

Symbole und Kleidung

Reformierte Christen kennen keine besondere Kleidung. Als Symbole treffen wir das einfache Kreuzzeichen (Bild 1), das Hugenottenkreuz (Bild 2), die Taizé-Taube oder Taizé-Kreuz (Bild 301), den Fischli-Kleber (Bild 5).

Jenseitsvorstellungen

Die reformierte Theologie kennt keine Abspaltung der Seele vom Körper: alles stirbt gleichermassen, so dass am jüngsten Tag die Toten gleichsam mit Seele und Körper auferstehen. Das folgende Gericht wird im Licht der Liebe und Gnade Gottes erwartet; der Gedanke ewiger Verdammnis in einer Hölle ist den reformierten Kirchen fremd. Ebenso der eines Fegfeuers als Läuterungsort der schuldbeladenen Seelen.

Pflegerelevante Themen

Die meisten Krankenhäuser der Schweiz beschäftigen von der Kirche angestellte reformierte Spitalseelsorger und Spitalseelsorgerinnen. Sie sind für seelsorgerliche Gespräche, den Notfalldienst, für Sterbebegleitung, Taufen, Personalweiterbildungen und für den sonntäglichen Gottesdienst in der Spitalkapelle zuständig. Die Organisation der Seelsorge und der Gottesdienste erfolgt meist in ökumenischer Absprache. Pro Patientenzimmer ist dann jeweils nur ein Seelsorger zuständig. Für konfessionelle Bedürfnisse kann der ökumenische Partner oder die ökumenische Partnerin beigezogen werden.

Als Sakramente gelten Taufe und Abendmahl. Das Abendmahl gilt ab und zu als reformiertes Sterbesakrament, das dann meist mit den Angehörigen gefeiert wird. Andere Sakramente für Sterbende gibt es keine, der Krankenhausseelsorger oder die –seelsorgerin kann sehr situationsbezogen und individuell handeln.

Viele Menschen wünschen sich darüber hinaus manchmal auch persönliche Rituale, die mit dem Seelsorger individuell entwickelt werden. Diese können beispielsweise auch eine Salbung respektive Segnung mit Öl enthalten (nicht als sakramentale, sondern als rituelle Handlung).

Reformierte Christen kennen keine religiös motivierten Nahrungsvorschriften. Es kommt jedoch vor, dass einzelne die Fastenzeit vor Ostern einhalten. Diese Praxis erfolgt freiwillig und ist darum im Pflegeumfeld nur begrenzt von Bedeutung.
Dem Wunsch nach der Nottaufe eines Kindes wird von der Spitalseelsorge gerne nachgekommen. Allerdings vertraut man darauf, dass das verstorbene Kind auch ohne Taufe in der Liebe Gottes geborgen ist.

Sterben und Tod

Es ist wichtig, den sterbenden Menschen in seiner Not nicht allein zu lassen. Oft wird Psalm 23 als Trostwort gelesen, gemeinsam ein Unser Vater gebetet und ein Segenswort gesprochen. Es gibt keine feste Tradition zu beachten, sondern es handelt sich immer um Situationsethik. Ausser dem Gebet am Sterbe- und Totenbett und der Abdankungsfeier gibt es keine speziellen Rituale im Umgang mit sterbenden und toten Menschen.

Psalm 23 nach der Luther-Übersetzung:
«Der Herr ist mein Hirte; nichts wird mir fehlen. Er lässt mich lagern auf grünen Auen und führt mich zum Ruheplatz am Wasser. Er stillt mein Verlangen; er leitet mich auf rechten Pfaden, treu seinem Namen. Muss ich auch wandern in finsterer Schlucht, ich fürchte kein Unheil; denn du bist bei mir, dein Stock und dein Stab geben mir Zuversicht. Du deckst mir den Tisch vor den Augen meiner Feinde; Du salbst mein Haupt mit Öl, du füllst mir reichlich den Becher. Lauter Güte und Huld werden mir folgen mein Leben lang, und im Haus des Herrn darf ich wohnen für lange Zeit.»

Bestattung

Die Abschiedsfeier findet in einer Kirche oder der Friedhofskapelle statt und ist meistens öffentlich. Sie wird durch eine Pfarrperson gestaltet unter Einbezug der Angehörigen.

Sowohl Erd- als auch Feuerbestattung sind erlaubt; es gibt keine Empfehlungen. Meist findet eine Kremation statt. Die sogenannte Abkündigung erfolgt am Sonntag nach der kirchlichen Bestattung im Gemeindegottesdienst. Dabei werden die Namen aller in der letzten Woche (manchmal auch in den letzten eineinhalb Wochen) Bestatteten verlesen. Auch Kinder, die im Embryonalstadium im Mutterleib sterben, können auf Wunsch der Eltern im Rahmen einer Abdankung bestattet werden.

Trauerbräuche

Der «Ewigkeitssonntag» oder «Totensonntag» ist der letzte Sonntag im Kirchenjahr, bevor mit dem 1. Advent das neue Kirchenjahr beginnt. Zu diesem Anlass laden viele Kirchgemeinden die Angehörigen, die im Kirchenjahr einen nahen Menschen verloren haben, zu einem besonderen Gedächtnisgottesdienst ein. Dabei findet oft ein Kerzenritual statt zur Verlesung der Namen der Verstorbenen. Vielerorts werden in der Weihnachtszeit die Gräber mit Kerzen geschmückt, manchmal auf Adventskränzen oder auf kleinen Christbäumen.

Gelegentlich bietet die reformierte Erwachsenenbildung Kurse für Trauernde an.

Kontakt

Gemeindepfarrer oder Notfall-/Spitalseelsorger.
Meldung beim örtlichen Pfarramt oder Kantonalkirche.
www.ref.ch

IN KÜRZE
EVANGELISCH-REFORMIERTE KIRCHEN

Care Team und Notfallseelsorge

Kleidung: Keine spezielle Kleidung.

Symbole: Einfaches Kreuzzeichen (Bild 1), Hugenottenkreuz (Bild 2), Taizé-Taube / Taizé-Kreuz (Bild 301), Fischli-Kleber (Bild 5).

Was tun mit Sterbenden? Begleitung und Gebet.

Begleitung der Familie: Beistand einer Pfarrerin oder eines Pfarrers.

Rituale: Es gibt keine Vorschriften. Wenn es die Familie wünscht, kann die Pfarrerin bzw. der Pfarrer gerufen werden.

Triage: Übliche Abläufe.

Suizid: Gleich wie bei einer natürlichen Todesursache.

Checkliste Krankenpflege und Spitalseelsorge

Ernährung: Nichts Besonderes zu beachten

Kleidung: Nichts Besonderes zu beachten

Geschlechterbeziehung: Nichts Besonderes zu beachten

Rituale: Je nach Bedürfnislage, individuell. Eventuell Abendmahl.

Tabus: Nichts Besonderes zu beachten

Todesfall: Übliche Abläufe

CHRISTLICH-ORTHODOXE KIRCHEN

Exemplarisch dargestellt an der serbisch-orthodoxen Kirche

Grundlagen

Die christlich-orthodoxe Kirche umfasst mehrere selbständige lokale Kirchen, die im Ostteil des sich teilenden alten römischen Reiches entstanden sind. Heute gibt es orthodoxe Kirchen auf der ganzen Welt. Sie stimmen in Kirchenverständnis, Lehre und Kult weitgehend überein, weisen aber auch nationale und kulturelle Spezifika auf (zum Beispiel die Sprache). «Orthodox» bedeutet «rechtgläubig». Die orthodoxen Kirchen verstehen sich als die ursprüngliche christliche Kirche, die den Glauben der Apostel unverändert bekennt und von der sich alle übrigen Kirchen im Laufe der Geschichte abgespalten beziehungsweise entfernt haben. Die Kircheneinheit mit der römisch-katholischen Kirche zerbrach 1054. Dabei spielten unterschiedliche Ansichten über das Verhältnis von Staat und Kirche wie auch über die Natur des Papstamtes eine Rolle.

Die orthodoxen Kirchen bilden mit weltweit ca. 225 Millionen Angehörigen die drittgrösste christliche Gemeinschaft der Welt. In der Schweiz leben heute rund 132'000 orthodoxe Christen und Christinnen, die den russisch-, serbisch-, rumänisch- und griechisch-orthodoxen Glaubensgemeinschaften angehören, wobei die serbisch-orthodoxe die zahlenmässig grösste ist (und auch die drittgrösste christliche Kirche in der Schweiz bildet).

Auch bei orthodoxen Christen gibt es kaum spezifische äussere Kennzeichen. Manchmal werden spezielle Kreuzformen als Schmuck und Symbol getragen.

Jenseitsvorstellungen

Die orthodoxen Kirchen glauben an die zweite Wiederkunft Jesu Christi, die Auferstehung der Toten, das jüngste Gericht, an Himmel und Hölle und die Verklärung der Schöpfung. Nach orthodoxem Glauben findet schon nach dem Tod eine Art Gericht mit einem vorläufigen Urteil über den Verstorbenen statt. Dieses Gericht ist aber mehr ein Selbstgericht des Verstorbenen als ein Gottesgericht: sündige Seelen erkennen ihren Zustand und büssen dafür in der sogenannten «Vorhölle», während gerechte Seelen schon nach dem Tode Gottesnähe und einen Vorgeschmack ewiger Seligkeit erfahren. Aber erst nach dem Endgericht, das Jesus vollziehen wird, gelangen die Seelen zu vollkommener Seligkeit respektive ewigen Höllenstrafen. Deshalb betet die Kirche um Begnadigung und Erleichterung für die Verstorbenen.

Pflegerelevante Themen

Bei älteren oder kranken Gemeindemitgliedern stattet der Priester seelsorgerliche Haus- und Spitalbesuche ab. Man sollte also die Gemeinde des Patienten verständigen.

Rituale

Die orthodoxen Kirchen kennen die gleichen sieben Sakramente wie die römisch-katholische Kirche. Ein kleiner Unterschied besteht bei der sogenannten «Versiegelung», einer Salbung mit einem «Myron» genannten Salböl, die direkt auf die Taufe folgend gespendet wird. Im Pflegeumfeld relevant werden können also die Taufe, die Myronsalbung, die Eucharistie, die Beichte und die Krankensalbung. Die Kommunion empfangen schon Kinder ab der Taufe.

Christlich-orthodoxe Gemeinschaften entsenden in der

Regel ihre eigenen Seelsorger; es ist allerdings denkbar, dass ein orthodoxer Patient oder eine Patientin für Gespräch und Trost auch einen anderen christlichen Seelsorger akzeptieren würde. Die Eucharistie jedoch muss zwingend von einem orthodoxen Geistlichen gespendet werden.

Speisevorschriften

Orthodoxe Christen kennen keine speziellen Ernährungsvorschriften, aber viele Fastenzeiten. Fastentage sind normalerweise Mittwoch und Freitag. Dazu gelten als Fastenzeiten: 40 Tage vor Palmsonntag, die Karwoche, 40 Tage vor Weihnachten, 2 Wochen vor Mariae Himmelfahrt (je nach Kirche am 15. oder 28. August) und vom 8. Tag nach Pfingsten bis zum Fest Peter und Paul (29. Juni). Als weitere einzelne Fastentage gelten der 5. Januar (der Tag vor Theophanie), der 29. August (Enthauptung Johannes des Täufers) und der 14. September (die Kreuzerhöhung).

Das Fasten kann leichter oder strenger sein und je nachdem den Verzicht auf Genussmittel wie Fleisch, Fisch, Eier, Milchprodukte, Öl und Alkohol enthalten. Kann jemand aufgrund von Krankheit oder Schwäche weniger streng als vorgegeben fasten, wird dies mit einem Geistlichen besprochen.

Das Fasten dient neben der Reinigung des Körpers der Stärkung des Willens und der Verherrlichung Gottes. Der Gläubige sollte sich allerdings selbst nicht schaden. Eventuelle Ernährungswünsche sind direkt im Einzelfall zu klären.

Sterben und Tod

Liegt ein christlich-orthodoxer Patient oder eine Patientin im Sterben, wird im Idealfall ein orthodoxer Priester informiert, der den Sterbenden begleitet. Eine letzte Beichte kann den Sterbenden erleichtern. Genauso kann noch eine Kommunion oder eine Salbung gespendet werden. Die Bedürfnisse des Sterbenden stehen im Vordergrund. Die Bestattung erfolgt in Alltagskleidung.

Die Nottaufe, das heisst die Taufe von Säuglingen oder ungetauften Erwachsenen in kritischem Zustand, ist orthodoxen Kirchen bekannt. Hierbei ist man nicht zwingend auf einen Priester angewiesen. Die Taufe kann also auch beispielsweise das Pflegepersonal vollziehen, sofern die entsprechende Person getauft ist (im Idealfall orthodox). Dazu verwendet man die Taufformel: «Es wird getauft der Diener/ die Dienerin Gottes NN im Namen des Vaters - Amen, des Sohnes – Amen, und des heiligen Geistes – Amen». Im äussersten Notfall kann auch eine sogenannte Luft-Taufe, also eine Taufe ohne Wasser, durchgeführt werden. Totgeborene Kinder werden nicht mehr getauft, sie gelten als rein und unschuldig. Der Fokus liegt hier auf der Betreuung der Eltern.

Bestattung

Viele orthodoxe Christen in der Schweiz möchten nach dem Tod in ihr Heimatland zurückgeführt und dort begraben werden. Dazu gibt es spezielle Transportfirmen, aber auch schweizerische Beerdigungsinstitute können angefragt werden. Die jeweilige Kirchgemeinde kann hier weiterhelfen.

Als kirchliche Regel gilt zwingend die Erdbestattung – die Feuerbestattung wird als nicht christlich betrachtet. Darum ist die Abdankung für Verstorbene, die sich kremieren liessen, untersagt. Eine Ausnahme bilden Unfälle, die zur Kremation führen. In diesem Fall muss aber der Abdankungsgottesdienst vor der Einäscherung gehalten werden; nachher ist dies nicht mehr möglich. Es gibt nur eine kleine Abdankung in der Kirche.

Trauerbräuche

Die erste Station einer orthodoxen Trauerfeier ist das Trauerhaus, wo sich Angehörige und der Priester zum Gebet einfinden. Es folgt der Gang zur Kirche oder Kapelle mit dem Sarg, wo der Trauergottesdienst stattfindet. Gekochte Weizenkörner (als Symbol des Todes und der Auferstehung) werden mit Wein übergossen, um nach der Beerdigung zum Verzehr gereicht zu werden. Danach wird der Verstorbene beigesetzt, wobei Öl und Wein über den Sarg gegossen werden, Gebete gesprochen und eine Absolution für den Verstorbenen ausgesprochen wird.

Die orthodoxen Gemeinden feiern Gedächtnisgottesdienste für die Verschiedenen jeweils am 3. Tag, dem 7. (im Westen) oder 9. (im Osten) Tag, dem 40. Tag und ein Jahr nach deren Todestag. Daneben betet die Kirche besonders für die Verstorbenen am 2. Samstag vor der Osternfastenzeit, am 2., 3. und 4. Samstag in der Osternfastenzeit, am Montag oder Dienstag in der zweiten Woche nach Ostern, am Samstag vor Pfingsten, am Samstag vor dem 12. Oktober und am Samstag vor dem 8. November. Dabei kann auch eine Grabsegnung durch den Priester stattfinden. Kunstblumen als Beileidsbezeugungen werden abgelehnt. Falls als Grabmal kein Kreuz, sondern ein Grabstein verwendet wird, sollte sich auf diesem das Kreuzsymbol befinden. Suizid wird in der orthodoxen Kirche sehr kritisch betrachtet. Seelische Erkrankung wird als Grund für eine solche Tat anerkannt und das Richten darüber Gott überlassen; wer sich jedoch aus andern Gründen bewusst umbringt, erhält keinen Beerdigungsgottesdienst.

Kontakt

Kontakte zu den örtlichen Gemeinden finden sich im Telefonbuch respektive im elektronischen Verzeichnis.

Links zu den Orthodoxen Gemeinden in der Nordwestschweiz: www.orthodox.inforel.ch

Arbeitsgemeinschaft Orthodoxer Kirchen in der Schweiz (AGOK): www.agok.ch

IN KÜRZE
CHRISTLICH-ORTHODOXE KIRCHEN

Care Team und Notfallseelsorge

Kleidung: Keine spezielle Kleidung.
Symbole: Manchmal spezielle Kreuzformen.
Was tun mit Sterbenden? Verständigung der Angehörigen und eines orthodoxen Priesters resp. Seelsorgers.
Begleitung der Familie: Durch Seelsorger / Priester
Rituale: Priester
Triage: Übliche Massnahmen.
Suizid: Gleich wie bei einer natürlichen Todesursache oder einem Unfall.

Krankenpflege und Spitalseelsorge

Ernährung: Bestimmte Fastenzeiten
Kleidung: Nichts Besonderes zu beachten.
Rituale: Taufe, Abendmahl, Beichte, Krankensalbung.
Tabus: Das Entgegennehmen des Abendmahls von einem nicht-orthodoxen Seelsorger. Feuerbestattung. Kunstblumen.
Todesfall: Benachrichtigung der Angehörigen und der Kirchgemeinde.
Religiöse Betreuung: Durch Seelsorger und Priester.

EVANGELISCHE FREIKIRCHEN
am Beispiel der Baptisten

Grundlagen

Im Unterschied zu den «Landeskirchen» sind Freikirchen völlig vom Staat unabhängig. Ausserdem handelt es sich im Normalfall um «Freiwilligkeitskirchen», in denen die Mitgliedschaft ganz auf eigener Glaubensentscheidung beruht. Der Aufnahme als Mitglied geht in vielen Freikirchen die Erwachsenen- respektive Gläubigentaufe voraus (im Gegensatz zur Säuglingstaufe).

Freikirchliche Gemeinden bilden keine homogene Glaubensrichtung; unter ihnen findet sich das ganze Spektrum theologischer Ausrichtungen von streng konservativ / evangelikal bis liberal. In der Schweiz sind die meisten im «Verband evangelischer Freikirchen und Gemeinden» (VFG) zusammengeschlossen. Dem freikirchlichen Raum dürfen wohl gut 6% des Schweizer Protestantismus zugerechnet werden. Dieses Kapitel soll anhand der «Baptisten» exemplarisch erläutert werden.

Die Baptistengemeinden gehen zurück auf englische Puritaner, die in die Niederlande flüchteten und Einflüsse von Täufergruppen annahmen. Sie forderten innerkirchliche Reformen wie die Befolgung der Bibel als Richtschnur für Leben, Glauben und Kirchenordnung, die Trennung von Staat und Kirche, die Glaubens- und Gewissensfreiheit und die schon erwähnte Gläubigen- respektive Erwachsenentaufe. Ausserdem wird das allgemeine Priestertum gepflegt, das keine höheren Ämter und besonderen Weihen kennt. Das Abendmahl oder die Taufe müssen also nicht zwingend durch «Priester» gespendet werden.

Baptistengemeinden gibt es in fast allen Ländern der

Welt. Zu ihnen zählen sich über 100 Millionen Christen. Besonders viele Baptisten leben in den USA; in der Schweiz sind es 10 Gemeinden mit ca. 1500 Mitgliedern. Die Gemeinden arbeiten autonom, allerdings existiert ein Schweizer Dachverband der Baptisten («der Bund» genannt) unter dem Vorsitz eines Präsidenten. Die Baptisten kennen keine besonderen Erkennungsmerkmale oder entsprechende Kleidung.

Jenseitsvorstellungen

Es wird die Wiederkunft Jesu und die leibliche Auferstehung erwartet und nach dem Endgericht ein Leben in Frieden und ohne Leiden in der ewigen Gemeinschaft mit Gott (Himmel). Der gelebte Glaube an Jesus Christus und sein Rettungswerk am Kreuz befreit jeden Menschen vor dem Gericht und der ewigen Trennung von Gott (Hölle).

Pflegerelevante Themen

Angehörige einer Baptistengemeinde akzeptieren in der Regel auch Krankenhausseelsorger anderer Konfessionen. Allerdings ist die Gemeinde gut organisiert und stattet neben Hausbesuchen auch begleitende und seelsorgerliche Besuche für Spitalpatienten ab. Vor allem die vollamtlichen Pastoren nehmen diese Aufgaben wahr, aber auch Gemeindemitglieder, die über genügend Zeit verfügen (zum Beispiel Pensionäre).

Rituale

Im Pflegeumfeld relevant werden könnten die Rituale des Abendmahls und der Krankensalbung.
Die Salbung der Stirn des Kranken erfolgt in der Regel durch den Pastor, unter Beizug von Ältesten (Gemeindeleitung). Das Öl muss nicht geweiht sein und kann not-

falls auch aus der Spitalküche stammen. In Ausnahmesituationen, in denen weder der Pastor noch ein anderes Mitglied der Gemeindeleitung zu erreichen sind, kann die Salbung auch durch eine andere Person gespendet werden.

Ein offizielles Beichtritual besteht nicht. Es liegt im Ermessen des Einzelnen, in einem persönlichen Gespräch mit dem Seelsorger Schuldbekenntnisse abzulegen und dadurch persönliche Befreiung zu erfahren.

Dass vor dem Tod noch jemand eine Taufe wünscht, ist sehr selten. Dies hängt wohl mit dem Taufverständnis der Baptisten zusammen: Für sie ist die Taufe ein Gebot Christi, aber keine heilsnotwendige Handlung. Praktiziert wird normalerweise die Ganzkörpertaufe mit Untertauchen in einem Taufbecken oder draussen in einem Fluss. Oft werden weisse Kleider verwendet zum Zeichen der abgewaschenen Sünden und des neuen Lebens mit Christus. Bei Krankheit oder Behinderung kann hier aber modifiziert werden.

Normalerweise nimmt der Pastor diese Aufgaben wahr. Ist er verhindert, vertritt ihn in der Regel ein Mitglied der Gemeindeleitung.

Speisevorschriften
Besondere Ernährungsvorschriften oder Fastenzeiten gibt es nicht.

Sterben und Tod
Über den Umgang mit Sterbenden entscheiden allein die Situation und die Bedürfnisse des Patienten. Menschliche Nähe, Lieder, Gebete und Lesungen (zum Beispiel Psalm 23) helfen dem Sterbenden. Die Sofortmassnahmen bei Eintritt des Todes sind gleich wie bei Verstorbenen ande-

rer Konfessionen. Die Herrichtung der Leiche unternimmt unter der Anleitung der Angehörigen das Pflegepersonal oder professionelle Bestatter. Zur Bestattung trägt der Verstorbene Alltagskleider, die Beisetzung soll schlicht sein.

Bestattung

Erdbestattung ist die Regel, da sie als biblisch und natürlich gilt; eine Kremation ist aber nicht heilsverhindernd, da allein die persönliche Beziehung zu Gott heilsentscheidend ist. Auf die Grablegung mit Liturgie folgt die Abschiedsfeier in der Kirche oder der Abdankungskapelle. Die Reihenfolge ist je nach Abdankungsverordnungen verschieden.

Auch für ein totgeborenes Kind kann auf Wunsch der Eltern eine Abdankung gehalten werden. Wichtig ist ein würdiger Abschied. Der Zustand der Ungetauftheit hat für das verstorbene Kind keine Heilskonsequenzen.

Anlaufstelle bei Abdankungen ist in der Regel die örtliche Gemeinde. Falls diese nicht bekannt sein sollte, kann die Bundesleitung Hilfestellung geben. Sie gilt als «Zentrale» der baptistischen Gemeinschaft und nimmt beratende Funktion ein.

Trauerbräuche

Freikirchliche Gemeinden kennen keine offiziellen Totengedenktage nach der Beerdigung und keine speziellen Trauerbräuche. Für Kranke und Sterbende wird während der normalen Gottesdienste gebetet. In einigen Gemeinden werden am Toten- oder Ewigkeitssonntag die Namen aller im letzten Kirchenjahr Verstorbenen verlesen. Grabpflege und –besuch werden individuell gehandhabt.

Kontakt

Bund Schweizer Baptistengemeinden
Effingerstr. 17, Postfach 5860, 3001 Bern
Telefon 031 381 44 25
Verband evangelischer Freikirchen und Gemeinden (VFG):
www.freikirchen.ch
Kontakte zu den einzelnen Freikirchen finden sich im Telefonbuch respektive im elektronischen Verzeichnis.

IN KÜRZE
EVANGELISCHE FREIKIRCHEN

Care Team und Notfallseelsorge

Kleidung: Keine spezielle Kleidung.

Symbole: Mehrere Freikirchen haben eigene Signete.

Was tun mit Sterbenden? Situative Handhabung: Gespräch, Gebet, Berührung, Lesungen, Schweigen, Krankensalbung, Abendmahl.

Begleitung der Familie: Durch die Gemeindeleitung.

Rituale: Pastor, ansonsten ein anderes Mitglied der Gemeindeleitung.

Triage: Übliche Massnahmen

Suizid: Gleich wie bei einer natürlichen Todesursache.

Krankenpflege und Spitalseelsorge

Ernährung: Nichts Besonderes zu beachten.

Kleidung: Nichts Besonderes zu beachten.

Geschlechterbeziehung: Nichts Besonderes zu beachten.

Rituale: Gebete, Abendmahl, Krankensalbung, Seelsorgegespräch.

Tabus: Keine

Todesfall: Nichts Besonderes

Religiöse Betreuung: Seelsorge wird durch die Gemeindeleitung organisiert

NEUAPOSTOLISCHE KIRCHE (NAK)

Grundlagen

Die Neuapostolische Kirche versteht sich heute als Teil der unsichtbaren Kirche Jesu Christi, wie sie schon zur Zeit der ersten Apostel bestand. Sie glaubt, dass es auch in der heutigen Zeit Apostel braucht, die die Gläubigen auf die Wiederkunft Christi vorbereiten, in seinem Namen Sünden vergeben und Gläubige mit Wasser und dem Heiligen Geist taufen. Die Anfänge der heutigen Neuapostolischen Kirche liegen in der katholisch-apostolischen Gemeinde, die im 19. Jahrhundert in England und Schottland im Umfeld engagierter Christen entstand. Begleitet von Weissagungen und Krankenheilungen beteten jene um eine Wiedererweckung der Gaben des Heiligen Geistes. Neuapostolische Christen pflegen eine ausgeprägte, sehr praxisorientierte Erwartung der Wiederkunft Christi und die entsprechende Vorbereitung.
Die Neuapostolische Kirche zählt weltweit rund 10 Millionen Mitglieder, davon ca. 36'000 in der Schweiz. Somit ist sie die grösste christliche Freikirche (verstanden im Gegensatz zu den Landeskirchen) in der Schweiz.
Geführt wird die Kirche von Aposteln, an deren Spitze der Stammapostel steht. Ihm wird dieselbe Funktion beigemessen, die Petrus unter den ersten Aposteln innehatte. Unterstützt werden die Apostel in der Betreuung der Gemeinden von weiteren Amtsträgern. Weltweit sind über 300 Apostel tätig.

Jenseitsvorstellungen

Die Neuapostolische Kirche pflegt ein ausgeprägtes «Entschlafenenwesen». Der Mensch hat eine ewige Seele, die nach dem Tod in einen von Gott bereiteten Bereich zurückkehrt, wo sie, wie die Lebenden auf Erden, die Wiederkunft Christi erwarten darf. Dies kann ein Reich des Friedens oder der Qual sein, entsprechend der Gesinnung und dem Lebenswandel des Verstorbenen. Da die Seele weiterhin ein Bewusstsein hat, liegt es im Verständnis der Neuapostolischen Kirche, dass sich ein Verstorbener postum noch zur Taufe entschliessen, die Gabe des Heiligen Geistes und das Heilige Abendmahl empfangen kann. Nach neuapostolischer Glaubensüberzeugung praktizierten bereits die Apostel der Urkirche Fürbitte, Versöhnung und stellvertretende Taufen für die Toten. Die Apostel spielen hier eine wichtige Rolle. Sie haben die Vollmacht zur Sündenvergebung im Diesseits und im Jenseits, und durch ihr Wirken haben die Toten Zugang zu Gottes Wort.

Das heilige Abendmahl für Entschlafene findet sonntäglich beziehungsweise an christlichen Feiertagen durch den beauftragten Apostel statt. Dazu bestimmt er zwei Amtsträger, die stellvertretend für die Toten die Hostie empfangen. Die im Gottesdienst verkündigte Sündenvergebung gilt den Lebenden wie den Toten.

Ausserdem finden dreimal jährlich (am ersten Sonntag im März, Juli und November) in besonderen «Entschlafenengottesdiensten» eine Spendung von Taufe, Versiegelung («Übermittlung von Heiligem Geist») und Abendmahl für Verstorbene statt; diese werden wiederum stellvertretend an zwei Amtsträgern durchgeführt.

Der Zustand der Seele nach dem Tod kann also zum Guten beeinflusst werden. Nach neuapostolischem Selbstverständnis sind das Wort Gottes und das Heilige Abendmahl zur Weiterentwicklung des göttlichen Lebens auch für die Toten hilfreich und nötig.

Seelen, die die Taufe empfangen und sich im Leben ernsthaft bemüht haben, im Glauben zu leben und die Beziehung zu Gott im Abendmahl zu pflegen, befinden sich bereits in einem Zustand seligen Wartens; für diese Seelen wird eine mögliche Zustandsverschlechterung im Jenseits nicht mehr angenommen.
Die von Gott erlösten Gläubigen werden bei der Wiederkunft Christi auferstehen und im 1000jährigen Friedensreich leben. Nach Ablauf des Friedensreiches werden auch die andern Toten auferweckt zum Endgericht. Die Seelen, die Gottes Gnade immer noch ablehnen, werden dann die ewige Trennung von Gott erleiden.
In jedem Gottesdienst feiern die Gläubigen Sündenvergebung und Heiliges Abendmahl. Eine regelmässige Sündenvergebung gilt als dem Seelenheil sehr dienlich.

Symbole und Kleidung

Nur Amtsträger sind speziell gekleidet (schwarzer Anzug, weisses Hemd, schwarze Krawatte; keine Talare). Ansonsten gibt es keine besonderen äusseren Erkennungsmerkmale.
Die neuapostolische Kirche verfügt über ein eigenes Emblem, das ein über stilisierten Wellen schwebendes Kreuz mit einer am Horizont aufgehenden Sonne darstellt. (Bild 6)

Pflegerelevante Themen

Mitglieder der neuapostolischen Kirche haben Anspruch auf einen Seelsorgebesuch pro Jahr. In besonderen Lebenssituationen wird die Betreuung durch den Seelsorger auf Wunsch intensiviert. Für Senioren besteht eine besondere seelsorgerliche Begleitung; Kranke haben Anspruch auf Krankenbesuche durch ihren Seelsorger mindestens alle vierzehn Tage. Im Pflegefall sollte darum auf jeden

Fall die Kirchgemeinde verständigt werden. Kranke in Spitälern können selbstverständlich auch anderskonfessionelle christliche Spitalseelsorger akzeptieren, aber im Allgemeinen sind die neuapostolischen Seelsorger gut zu erreichen und sehr schnell zur Stelle.

Rituale

Die Neuapostolische Kirche kennt drei Sakramente: die (Säuglings-) Taufe, die «Versiegelung» zum Empfang der Gabe des heiligen Geistes (sie ergänzt die Wassertaufe, so dass der Mensch wirklich aus Wasser und Geist wiedergeboren wurde) und das Abendmahl. Sie werden durch die priesterlichen Ämter im Auftrag des Apostels gespendet, genauso wie die Vergebung der Sünden. Eine «Ohrenbeichte» wird in der Neuapostolischen Kirche aber nicht praktiziert. Nach dem «Vater unser», das gemeinsam gesprochen wird, erfolgt die Sündenlossprechung. Nach dem anschliessenden Bussgebet wird das Heilige Abendmahl gefeiert. Eine Krankensalbung existiert nicht.
Bei zu früh geborenen, schwächlichen Kindern ist eine Taufe möglich. Jeder neuapostolische Christ kann eine Nottaufe vollziehen.
Für Kranke und Rollstuhlgänger existiert auf Wunsch ein Gottesdienst-Übertragungsservice per Telefon. Hierzu muss dem Priester oder dem Gemeindevorsteher die eigene Telefonnummer gemeldet werden, und ein Anruf folgt. Es gibt auch glutenfreie Hostien für Allergiker.
Auch Langzeitkranke erhalten einen Seelsorgebrief für die Sonntage zwischen den Besuchen ihres Seelsorgers. Dieser enthält nebst einer schriftlichen Andacht eine geweihte Hostie mit 3 Tropfen Wein darauf.

Speisevorschriften

Spezielle Nahrungsvorschriften oder Fastenzeiten gibt es nicht.

Sterben und Tod

Der Sterbende sollte idealerweise nicht alleingelassen werden. Sofern er den Wunsch äussert, spricht man mit ihm über das ewige Leben und das Wiedersehen mit den lieben Vorangegangenen. Man kann mit ihm beten. Oft wird noch einmal eine Sündenvergebung und ein Abendmahl gewünscht. Kann der Patient nicht mehr schlucken, wird die Hostie stellvertretend einem Angehörigen gereicht. Ohrenbeichte ist nicht üblich. Äussert ein Sterbender den ausdrücklichen Wunsch nach einer Beichte, kann diese jeder Amtsträger der Neuapostolischen Kirche annehmen und im Auftrag des Apostels Gnade und Vergebung verkündigen.

Bestattung

Die Trauerfeier ist kostenlos. Die neuapostolischen Gemeinden und Bezirke haben oft auch eigene Grabchöre, die Bestattungen mit passenden Liedern kostenlos umrahmen. Zur Bestattung sind vor allem die eventuell vorhandenen schriftlichen Verfügungen des Verstorbenen zu beachten. Je nachdem fliessen örtliche Gepflogenheiten ein. Der Verstorbene und sein Körper sollen mit Würde behandelt werden; es herrscht die Vorstellung, dass seine Seele die Bestattung miterlebt. Es wird keine besondere Bestattungsart empfohlen. Heute überwiegt in der Schweiz die Feuerbestattung.
Bei Totgeburten wird für das Kind gebetet. Nach neuapostolischem Glaubensverständnis können Ungetaufte im Entschlafenengottesdienst die Wassertaufe empfangen.

Trauerbräuche

Ist ein Gemeindemitglied gestorben, wird dies im ganzen Bezirk im folgenden Gottesdienst bekanntgegeben und Ort, Datum und Zeitpunkt der Trauerfeier mitgeteilt. Kondolenzbesuche bei den Hinterbliebenen sind üblich. Einige Bezirke bieten einen regelmässigen Trauertreff für Hinterbliebene an, was auch auf der Bezirkshomepage angezeigt werden kann.

Es gibt keine speziellen Trauertage ausser den bereits beschriebenen, drei Mal jährlich gehaltenen Entschlafenengottesdiensten.

Am Totensonntag (erster Sonntag im November) findet ebenfalls ein Gottesdienst für Entschlafene statt.

Wünschen die Angehörigen auf dem Grabstein das Emblem der Neuapostolischen Kirche, kann der beauftragte Bildhauer bei der Kirchenverwaltung kostenlos eine Vorlage beziehen.

Kontakt

Die Telefonnummern finden sich in den Telefonverzeichnissen unter „Neuapostolische Kirche".
Neuapostolische Kirche Schweiz. Telefon 043 268 38 38.
www.nak.ch

IN KÜRZE
NEUAPOSTOLISCHE KIRCHE (NAK)

Care Team und Notfallseelsorge

Kleidung: Keine spezielle Kleidung.
Symbole: Evtl. Logo der Neuapostolischen Kirche (Bild 6).
Was tun mit Sterbenden? Verständigung der Kirchgemeinde. Begleitung der Sterbenden in situativer Handhabung. Sündenvergebung, Abendmahl durch den vom Apostel bevollmächtigten Seelsorger. In Ausnahmefällen Gespräch mit Beichtcharakter.
Begleitung der Familie: Durch die Kirchgemeinde
Rituale: Seelsorger
Triage: Übliche Massnahmen
Suizid: Gleich wie bei einer natürlichen Todesursache oder einem Unfall.

Krankenpflege und Spitalseelsorge

Ernährung: Nichts Besonderes zu beachten.
Kleidung: Nichts Besonderes zu beachten.
Geschlechterbeziehung: Nichts Besonderes zu beachten.
Rituale: Taufe, Versiegelung, Abendmahl, Sündenvergebung.
Tabus: Keine.
Todesfall: Nichts Besonderes.
Religiöse Betreuung: Mindestens 14-täglicher Besuch durch eigene Seelsorger.

KIRCHE JESU CHRISTI DER HEILIGEN DER LETZTEN TAGE («MORMONEN»)

Grundlagen

Von anderen christlichen Konfessionen unterscheidet sich die Kirche unter anderem durch lebende Propheten und Apostel als Kirchenführung, ihre Organisation als Laienkirche sowie durch ihren offenen Schriftenkanon. Ihre Organisation mit Aposteln, Propheten, Hirten, Lehrern, Evangelisten etc. entspricht der der Urkirche.

Die Kirche hat über 14 Millionen Mitglieder weltweit, wovon über die Hälfte ausserhalb der USA leben. In der Schweiz sind es etwa 8000. Ihren Ursprung hat die Kirche in den USA, wo sie im Jahr 1830 im Bundesstaat New York offiziell gegründet wurde.

„Mormonen" ist eine umgangssprachliche Bezeichnung für Mitglieder der Kirche und stammt vom Buch Mormon, einem Schwesterband zur Bibel. Die offizielle Bezeichnung der Kirche lautet „Kirche Jesu Christi der Heiligen der Letzten Tage".

Das Buch Mormon wurde durch den Propheten Joseph Smith (1805-1844) auf göttliche Weisung hin aus einer alten Sprache ins Englische übersetzt. Es beschreibt unter anderem die Geschichte vergangener amerikanischer Kulturen, bei denen Jesus nach seiner Auferstehung erschienen sein soll. Weitere massgebende Schriften sind das Buch „Lehre und Bündnisse" und das Buch „Die Köstliche Perle". Im Weiteren glauben die Mitglieder, dass die Kirche durch göttliche Offenbarung geführt wird.

Den Mitgliedern der Kirche wird nach der Taufe die Gabe

des Heiligen Geistes durch Handauflegen übertragen. Sie glauben an die Gabe der Zungenrede und deren Auslegung, an Heilung, Prophezeiung, Offenbarung und Vision.

Die Mitglieder der Kirche versammeln sich am Sonntag in ihren Gemeindehäusern für den Gottesdienst. Daneben gibt es die Tempel der Kirche, die ein besonderes Heiligtum darstellen. Der Hauptzweck des Tempels besteht darin, Familien zu „siegeln", also zu vereinen, in der Hoffnung, dass die Familienbeziehungen auch nach dem Tod Bestand haben werden. Die Kirche legt grossen Wert auf intakte Familien. Die Tempelzeremonien können auch stellvertretend für Verstorbene vollzogen werden. In der Schweiz gibt es einen Tempel in Zollikofen bei Bern.

Jenseitsvorstellungen

Im Gegensatz zu den meisten andern Christen glauben die Mormonen, dass die menschliche Seele vor diesem irdischen Leben als Geistkind Gottes in der Gegenwart Gottes existierte. Das irdische, körperliche Leben ist also bereits eine zweite Stufe. Mit dem Tod gibt es eine Trennung des Körpers vom Geist. Die Zeit nach dem Tod bis zur Auferstehung wird eine Vorbereitung auf das Jüngste Gericht sein. Unter Auferstehung wird die Vereinigung von Körper und Geist verstanden. Für die Rechtschaffenen wird es ein Zustand des Glücklichseins sein. Aber auch die andern haben in dieser Zeit die Möglichkeit, von ihrer Schlechtigkeit umzukehren.

Die Taufe durch Untertauchung gilt als persönlicher Entscheid und wird erst ab 8 Jahren gespendet, meist im Gemeindehaus, manchmal auch in einem natürlichen Gewässer. Das Kind gehört aber bereits vorher zur kirchlichen Gemeinschaft.

Da die Mormonen glauben, dass alle Menschen das Sakrament der Taufe auf sich nehmen müssen, um in das Himmelreich einzugehen, wird diese in den Tempeln der Kirche für Verstorbene stellvertretend vollzogen. Den Verstorbenen steht es frei, diese Handlung anzunehmen oder abzulehnen.

Nach dem jüngsten Gericht und der Auferstehung, die allen Menschen zuteil wird, werden die Menschen je nach ihrem Lebenswandel in eines der drei Herrlichkeitsreiche eingehen, die als celestiale, terrestriale oder telestiale Herrlichkeit bezeichnet werden. Die Herrlichkeit dieser drei Reiche ist so verschieden wie das Licht von Sonne, Mond und Sternen.

Symbole und Kleidung

Die Mitglieder der Kirche Jesu Christi der Heiligen der letzten Tage tragen keine spezielle Kleidung und weder das Kreuzsymbol noch andere äusseren Erkennungsmerkmale.

Pflegerelevante Themen

Dieses irdische Leben wird als eine Prüfungszeit betrachtet. Dazu gehören auch Herausforderungen, welche Krankheit mit sich bringen kann.

Rituale

Rituale oder Sakramente dieser Kirche, die im Pflegeumfeld relevant werden könnten, sind vor allem das Abendmahl und die Salbung für Kranke.

Der Bischof, das heisst der Gemeindeleiter, leistet bei Bedarf ehrenamtlich Seelsorge.

Besteht bei einem Pflegepatienten der Wunsch nach einem Krankensegen oder dem Abendmahl, spendet der

besuchende Priester diesen. Der Kranke wird dabei zunächst gesalbt, indem ihm einige Tropfen Olivenöl, das eigens für Krankensegnungen geweiht wurde, auf das Haupt gegeben werden. Danach legen Priester die Hände auf und „siegeln" (bestätigen) die Salbung. Daraufhin sprechen sie mit der Vollmacht des Priestertums einen Segen aus. Der Krankensegen kann auf Wunsch der Kirchenmitglieder direkt beim zuständigen Bischof erbeten werden. Für die ungestörte Durchführung dieser heiligen Handlung wäre der kurzfristige Aufenthalt in einem gesonderten Raum wünschenswert, er ist jedoch keinesfalls Bedingung. Andere Personen können gerne anwesend sein. Der Krankensegen kann wiederholt empfangen werden.
Auf Wunsch der Kirchenmitglieder bringen Priester das Abendmahl. Dieses kann direkt beim zuständigen Bischof erbeten werden.
Eine Beichte gibt es nicht, dennoch kann der Wunsch aufkommen, mit dem seelsorgenden Bischof über empfundene Verfehlungen zu sprechen.

Kleidung

Einige Kirchenmitglieder tragen besondere weisse Unterkleidung (knielange Hosen und Leibchen). Sie ist Ausdruck eines besonderen Weihegrades im Bündnis mit Gott und soll im Pflegefall nur zur Körperpflege und zum Waschen abgelegt werden. Da sie heilig zu halten ist, sollte sie nicht unachtsam auf den Boden geworfen werden. Für medizinische Eingriffe darf sie entfernt werden. In jedem Fall ist das Tragen der Unterkleidung als Teil der Privatsphäre zu betrachten.

Speisevorschriften

Abhängig machende oder schädliche Substanzen werden vermieden. Daher lehnen die Mitglieder auch den Konsum von Alkohol, Kaffee, schwarzem Tee und Drogen ab. Sollte die Einnahme derartiger Substanzen aus medizinischer Sicht jedoch geboten sein, wird dies befürwortet.
Der erste Sonntag im Monat gilt als Fastentag, an dem nur eine Mahlzeit eingenommen wird und das so Ersparte als Geldspende dem Bischof übergeben wird, der es Bedürftigen spendet.

Sterben und Tod

Beim nahenden Tod sollten neben den Angehörigen auch der zuständige Bischof kontaktiert werden. Es gibt aber keine besonderen Riten oder Gebete im Todesfall. Das Zugegensein der Angehörigen ist wünschenswert.
Der Leichnam kann auf die im Hause übliche Art versorgt werden. Eine umgehende Benachrichtigung der Angehörigen und des zuständigen Bischofs ist unbedingt erforderlich, um die Einkleidung des Verstorbenen mit besonderen Gewändern zu ermöglichen: Glaubensmitglieder, die besondere Tempelbündnisse eingegangen sind, erhalten für die Bestattung spezielle Kleidung.

Bestattung

Im Allgemeinen wird Erdbestattung empfohlen, allerdings ist hier eine Öffnung wahrnehmbar.
Falls eine Repatriierung erwünscht ist, sollte mit den Angehörigen oder dem örtlichen Bischof Kontakt aufgenommen und das weitere Vorgehen besprochen werden.

Die Entscheidung, wie im Falle einer Totgeburt vorgegangen werden soll, liegt bei der Familie. Eine Taufe ist hier nicht nötig, auch nicht für Neugeborene mit kurzer Lebenserwartung.

Trauerbräuche

Die Trauerfeier wird normalerweise vom Bischof der Gemeinde in der Trauerhalle des Friedhofs oder im Gemeindehaus geleitet. Blumen werden gern angenommen, sofern die Familie nichts dagegen hat.

Es gibt keine besonderen Gedenktage für Verstorbene. Grabpflege und –besuch werden von der Trauerfamilie individuell gehandhabt.

Kontakt

Kirche Jesu Christi der Heiligen der Letzten Tage in der Schweiz.
Telefon 0800 836 981
Unter dieser Nummer erhält man weitere Informationen und Hilfestellungen, auch zum Auffinden des nächsten Gemeindevorstehers.
www.mormonen.ch oder www.kirche-jesu-christi.ch

IN KÜRZE
KIRCHE JESU CHRISTI DER HEILIGEN DER LETZTEN TAGE («MORMONEN»)

Care Team und Notfallseelsorge

Symbole, Kleidung: Keine spezielle Kleidung und keine äusseren Erkennungsmerkmale. Teilweise besondere Unterbekleidung.

Was tun mit Sterbenden? Verständigung der Angehörigen und des Bischofs/ Gemeindevorstehers.

Begleitung der Familie: Falls gewünscht, durch Seelsorger.

Rituale: Bischof, Priester.

Triage: Übliche Massnahmen.

Suizid: Gleich wie bei einer natürlichen Todesursache oder einem Unfall.

Krankenpflege und Spitalseelsorge

Ernährung: Kein Alkohol, kein Kaffee und Schwarztee.

Kleidung: Beachtung der eventuell getragenen besonderen Unterbekleidung, die einem gewissen Weihegrad entspricht. Wo möglich, diese Unterbekleidung dem Gepflegten anlassen.

Geschlechterbeziehung: Nichts Besonderes zu beachten.

Rituale: Abendmahl, Krankensegen.

Tabus: Respektloser Umgang mit der persönlichen Unterbekleidung.

Todesfall: Benachrichtigung der Angehörigen und des Bischofs.

Religiöse Betreuung: Durch Bischof und Priester.

ZEUGEN JEHOVAS

Grundlagen

Jehovas Zeugen sind eine internationale christliche Religionsgemeinschaft. Anfang der 1870er Jahre gründete sich um den Hauptinitianten Charles Russell ein Bibelstudienkreis in Pennsylvanien, USA. Aus kleinen Bibelstudiengruppen entstanden viele Versammlungen. 1879 wurde die erste Ausgabe der Zeitschrift «Zions Wachtturm» in Englisch veröffentlicht, und bis zum Jahr 1909 hatte sich das Netz der Gemeinschaft, die sich damals noch «Bibelforscher» nannte, bereits auf andere Länder ausgedehnt.

Seit 1931 nennt sich die Gemeinschaft «Jehovas Zeugen» respektive «Zeugen Jehovas» (diese Begriffe werden synonym gebraucht). «Jehova» gilt als alttestamentlicher Gottesname, den die Gemeinschaft weitgehend anstelle des Begriffes «Gott» verwendet. Weltweit gibt es über 7,5 Millionen Zeugen Jehovas, davon rund 18'000 in der Schweiz.

Hauptanliegen ist es, das Nahen von «Jehovas Königreich» anzukünden, die Umgestaltung der Erde zu einem Paradies und ein Leben in Frieden, Sicherheit und Gesundheit. Im Verständnis von Jehovas Zeugen stehen dieser globale Wechsel und die Wiederkunft der Herrschaft Christi unmittelbar bevor. Dazu wird eine stark ausgeprägte Missionstätigkeit betrieben.

Jehovas Zeugen kennen keine Symbole, religiösen Erkennungsgegenstände oder besondere Kleidungsvorschriften. Das Kreuzsymbol lehnen sie als unbiblisch ab, tolerieren es aber in öffentlichen Räumen (wie Eingangs-, Abdankungshallen usw.).

Jenseitsvorstellungen

Ein Jenseits existiert im Verständnis von Jehovas Zeugen nicht. Beim Tod verlässt der Geist, die Lebenskraft, den Körper; der Glaube an eine vom Körper getrennt weiterlebende Seele wird abgelehnt. Der Mensch hat keine Seele, sondern er ist eine lebende Seele und hört beim Tod als Ganzes auf zu existieren, bis Gott ihn am Tag des Gerichts wieder auferweckt. Danach beginnt die 1000 Jahre dauernde Zeit des Gerichts, in dem die Menschen aber nicht nach ihren Verfehlungen vor dem Tod, sondern nach ihrem Handeln während dieser tausendjährigen Frist gerichtet werden. Die Bösen werden dann zu Tode gebracht werden und für immer tot sein, während die Lebenden Vollkommenheit erlangen. Es gibt also weder einen Ort der Qual noch der Läuterung der Seelen, noch ein Zwischenreich vor der Auferstehung.

Bei der Auferstehung wird Jehova für die Toten einen neuen Körper bilden und diesem wieder Lebenskraft einhauchen. Die Menschheit wird für immer auf der ins Paradies zurückverwandelten Erde leben, da er für das Leben auf Erden geschaffen wurde. Das Jenseits muss daher als verwandeltes Diesseits verstanden werden.

Pflegerelevante Themen

Auf die Gesundheit wird grossen Wert gelegt. Medizinische Hilfe soll angenommen werden, was allerdings Methoden, die im Verständnis von Jehovas Zeugen an das Okkulte oder Übersinnliche heranreichen (wie Heilung durch Meditation, Handauflegen, Hypnose und ähnliches) ausschliesst. Von der Religionsorganisation werden regelmässig Artikel zu Gesundheitsthemen veröffentlicht (siehe die offizielle Webseite www.watchtower.org).

Rituale

Ein Priestertum gibt es nicht, sondern die Ältesten («Hirten») leiten die Gemeinde. Sie führen sowohl zu Hause als auch im Krankenhaus oder Pflegeheim Hausbesuche bei Glaubensbrüdern und –schwestern durch, um für deren geistiges und leibliches Wohl unentgeltlich gewünschte Hilfeleistungen zu erbringen und/oder zu organisieren. Darum sollten bei Eintritt ins Spital oder Heim Kontaktadressen vermerkt werden.

Jehovas Zeugen kennen keine Rituale. Stärkung vermittelt das persönliche oder gemeinsame Gebet. Im Falle einer Krankheit oder des nahe bevorstehenden Todes bittet man um Kraft, die Situation ertragen zu können.

Sakramente in diesem Sinn sind ebenfalls nicht bekannt. Mitglieder werden jedoch durch die Ältesten getauft (es handelt sich um Gläubigen-, nicht um Säuglingstaufe). Dazu ist in der Regel das völlige Untertauchen des Täuflings erforderlich. In Alters- und Pflegeheimen mit Badewannen kann dies problemlos vollzogen werden. Bei einem entsprechenden Wunsch sollte ein Ältester informiert werden.

Auch das Abendmahl wird zelebriert und von Ältesten durchgeführt. Es findet aber nur einmal im Jahr statt (am 14. Nisan nach jüdischem Kalender, dem überlieferten Todestag Jesu, an einem beweglichen Datum im Frühling). Dabei handelt es sich aber in den meisten Fällen lediglich um eine passive Teilnahme am Fest, während die Kommunion selbst nur von den wenigsten empfangen wird (von denjenigen, die begründete Hoffnung auf ein Leben im Himmel haben). Wenn es die Umstände erlauben, möchten Patienten, Patientinnen und Heimbewohner gerne anwesend sein. Wenn dies nicht möglich ist, können sie die Feier ihrer Gemeinde normalerweise per Telefon mithören. Der Patient organisiert sich meistens selber oder wird, wenn gewünscht, von seinen Verwandten oder Glaubensbrüdern und -schwestern unterstützt.

Geschlechterbeziehung

Viele junge Zeuginnen Jehovas sind jungfräulich, was bei Untersuchungen zu beachten ist. Bei pflegerischen Massnahmen sollte der Genitalbereich bedeckt gehalten und Nacktheit vor anderen nach Möglichkeit vermieden werden.

Bluttransfusion

Besonders zu beachten ist die strikte Befolgung der biblischen Vorschrift seitens Jehovas Zeugen, sich «des Blutes zu enthalten». Dies hat Konsequenzen für die Ernährung: auf nicht ausgeblutetes Fleisch oder bestimmte Wurstwaren und Aufschnitt, die Blut oder Plasma enthalten, wird verzichtet. Fastenpraktiken gibt es allerdings keine.

Daraus ergibt sich auch die Ablehnung von Bluttransfusionen. Der Wille des Patienten steht für Jehovas Zeugen über der Pflicht zur Lebenserhaltung; die Loyalität gegenüber Gott wird als wichtiger eingestuft als die vermeintliche Erhaltung des eigenen Lebens, da der Gläubige in seinem Verständnis so sein ewiges Leben aufs Spiel setzen würde.

Konkret untersagt sind die Transfusion von Vollblut, Erythrozytenkonzentraten und Plasma sowie die Verabreichung von Leukozyten und Thrombozyten. Das religiöse Verständnis der Zeugen verbietet jedoch nicht unbedingt die Verwendung von Blutfraktionen aus einem der genannten Hauptbestandteile. Jeder Gläubige muss persönlich entscheiden, ob er zum Beispiel Albumin, Immunglobuline, Gerinnungsfaktoren, Interferone, Interleukine oder einen Wundheilungsfaktor annehmen will. Vorhandene und bewährte alternative blutfreie Operations- und Behandlungsmethoden werden jedoch akzeptiert.

Für die Herausforderung der Bluttransfusion bestehen Spitalverbindungskomitees. Sie besuchen nach Voranmeldung die Spitäler, um über die Glaubenshaltung der Jehovas Zeugen diesbezüglich Auskunft zu geben, oder Zeugen Jehovas, die es wünschen, während des Spitalaufenthalts Beistand zu geben.

Jehovas Zeugen tragen normalerweise eigens ein «Dokument zur ärztlichen Versorgung» auf sich. Darin sind Wünsche bezüglich passiver Sterbehilfe, Autopsie, eventuelle Rückführung ins Heimatland, Bestattungsart etc. vermerkt.

Den Ältesten oder anderen Glaubensbrüdern oder Glaubensschwestern ist möglicherweise eine Kopie einer solchen Verfügung übergeben worden. Wenn Unklarheiten bestehen, können Glaubensbrüder und -schwestern den mutmasslichen Willen des Patienten am besten erklären.

Sterben und Tod

Jehovas Zeugen sind bemüht, ihre Angehörigen im Sterben durch Gebet und Beisein zu begleiten. Es werden normalerweise Krankenbesuchsgruppen organisiert, um Angehörige und das Betreuungspersonal zu unterstützen. Man kennt keine speziellen Sterbezeremonien.

Nach Eintritt des Todes werden die Angehörigen und/oder die bevollmächtigten Personen für gesundheitliche Belange gemäss «Dokument zur ärztlichen Versorgung» kontaktiert.

Bestattung

Akzeptiert sind sowohl Erd- als auch Feuerbestattung. Viele Zeugen Jehovas setzen vor ihrem Tod eine «letztwil-

lige Verfügung» auf. Darin legen sie ihre Wünsche fest bezüglich Todesanzeige, Ablauf der Beerdigung und so weiter. Normalerweise werden Bestattung und Gedenkfeier getrennt. Viele Zeugen Jehovas wünschen eine Ansprache eines Ältesten im Königreichssaal (so heissen die eigenen Versammlungsstätten) am Ort oder in einer Abdankungshalle, wo ein kurzer Lebenslauf vorgelesen wird, sowie die Ursache des Todes und die Auferstehungshoffnung anhand der Bibel dargelegt werden. Diese Feier dient zum Abschiednehmen des Verstorbenen und zur Tröstung der Hinterbliebenen und Freunde.
Bei Totgeburten und Kindsbestattungen erfolgt die Bestattung gleich wie bei Erwachsenen, es gibt dazu keine religiösen Vorschriften. Die persönlichen Wünsche der Eltern sollen Beachtung finden.
Tröstende Worte und Briefe, aber auch schon die Anwesenheit lieber Freunde helfen den Hinterbliebenen. Je nach Herkunft, Kultur oder Migrationshintergrund werden auch Blumen als Schmuck verwendet oder entgegengenommen. Es gibt keine besonderen Trauerbräuche oder Gedenktage: Wer tot ist, hat aufgehört zu existieren. Am Grab werden darum auch keine Kerzen angezündet oder Opfergaben dargebracht.
Jehovas Zeugen lehnen Suizid grundsätzlich ab, glauben jedoch an die Barmherzigkeit Jehovas, der sowohl «Gerechte als auch Ungerechte auferwecken wird».

Tabus

Wie die Urchristen, so nehmen Jehovas Zeugen nicht an religiösen und nationalen Feiern teil wie Weihnachten, Ostern, Muttertag, Nationalfeiertag, Neujahr, Halloween, Allerheiligen, St. Nikolaus, Fasnacht und andere. Sie feiern weder den Geburtstag von Jesus noch ihren eigenen oder den der Verwandten und Freunde, sondern schenken sich lieber spontan etwas. Die persönliche Ablehnung solcher Feste heisst nicht, dass man anderen Personen das Feiern verbieten möchte. Man respektiert es, wenn andere solche Feste feiern, aber man schätzt es auch, wenn die anderen den Entschluss eines Zeugen Jehovas respektieren, indem sie ihm keine Geburtstags-, Weihnachts- oder Neujahrswünsche entbieten. Patienten, die Zeugen Jehovas sind, schätzen es, wenn man ihr Zimmer (wenn Einzelzimmer) oder ihr Bett wegen solcher Feste nicht schmückt.

Literatur
Broschüren der Wachtturm-Gesellschaft, Selters/Taunus:
Wie kann Blut dein Leben retten?
Wenn ein geliebter Mensch gestorben ist.
Jehovas Zeugen weltweit vereint, Gottes Willen zu tun.

Kontakt
In Spitälern ist die Adresse eines Spitalseelsorgers hinterlegt, der meistens ein Ältester der Zeugen Jehovas ist. Die Ortsgemeinde kann unter Jehovas Zeugen im Telefonbuch gefunden werden.
Wachtturm-Gesellschaft / Vereinigung Jehovas Zeugen der Schweiz, Ulmenweg 45, 3604 Thun. Telefon 033 334 61 11, www.watchtower.org

IN KÜRZE
ZEUGEN JEHOVAS

Care Team und Notfallseelsorge

Symbole, Kleidung: Keine spezielle Kleidung. Jeder getaufte Zeuge Jehovas trägt normalerweise folgendes «Dokument zur ärztlichen Versorgung» auf sich:

> **DOKUMENT ZUR ÄRZTLICHEN VERSORGUNG**
> (Unterzeichnetes Dokument umseitig)
> **KEIN BLUT**

Was tun mit Sterbenden? Begleitung durch Verwandte und Glaubensbrüder und –schwestern, Gebet.
Begleitung der Familie: Ja, falls erwünscht
Rituale: Es werden keine Rituale durchgeführt.
Triage: Übliche Massnahmen.
Suizid: Gleich wie bei einer natürlichen Todesursache oder einem Unfall.

Krankenpflege und Spitalseelsorge

Ernährung: Kein Fleisch, das noch nicht ausgeblutet ist; keine Wurst- und Aufschnittwaren, die Plasma enthalten.
Kleidung: Keine Besonderheiten
Geschlechterbeziehung: Keine Besonderheiten. Beachtung der Jungfräulichkeit bei der Untersuchung.
Rituale: Keine.
Tabus: Keine Bluttransfusionen, nur alternative, blutfreie Operations- und Behandlungsmethoden. Keine Teilnahme der Zeugen Jehovas an nationalen oder allgemeinen religiösen Feiern, kein Feiern von Geburtstagen.
Todesfall: Beachtung des Dokuments zur ärztlichen Versorgung.

HINDUISMUS

Grundlagen

Hinduismus ist ein Sammelname für mehr als 100 unterschiedliche religiöse Traditionen oder Glaubensformen. Allen gemeinsam ist das Ursprungsland Indien (sowie Sri Lanka).
Der Hinduismus ist auch in Nepal und Europa (vor allem England) verbreitet. Mit über 800 Millionen Anhängern ist der Hinduismus die drittgrösste Religion der Welt. In Indien selbst gehören etwa 83% der Bevölkerung dem hinduistischen Glauben an.
Die Anzahl der Hindus in der Schweiz beläuft sich auf 40'000 bis 50'000 Personen, das sind ca. 0,7% der Bevölkerung. Den überwiegenden Teil machen Flüchtlinge und Arbeitsmigranten aus Südasien, zumeist tamilische Hindus, aus. Die Mehrzahl lebt seit den frühen 1980er Jahren in der Schweiz. Neben den Tamilen gibt es knapp 8'000 indische Hindus und 4'000 bis 7'000 westliche Konvertiten. In der Schweiz gibt es über 20 Hindutempel.
Der Ausdruck Hinduismus ist eine Fremdbezeichnung. Der Begriff „Hindu" stand ursprünglich für die Benennung der Menschen jenseits des Flusses Indus. Die Hindus bezeichnen ihre Religion selbst als „Sanatana Dharm", was „Ewiges Gesetz" bedeutet.
Den hinduistischen Traditionen gemeinsam ist die Vorstellung eines zyklischen Weltbildes. Dieses geht davon aus, dass die Welt in einem immer währenden Kreislauf entsteht und vergeht. Wie die Welt durchläuft auch die Seele (Atman) einen kontinuierlichen Kreislauf von Geborenwerden und Sterben (Samsara). Das unsterbliche Selbst (Atman) verbleibt solange im Samsara, bis seine wahre Identität erkannt wird und Mokscha (Befreiung)

erlangt wird.

Innerhalb des heutigen Hinduismus gibt es unter vielen anderen zwei grosse Bewegungen. Die Vischnuiten (oder Vaischnava) verehren als Hauptgott Vischnu und seine verschiedenen Avatare ("Herabstiege"). Für die Mehrheit der Vaischnava gibt es die drei Hauptsäulen, Brahman = Schöpfer, Vischnu = Erhalter, Schiva = Vernichter.

Eine ausgeprägte Form des Vaischnava ist hier im Westen die Krischna-Bewegung. Die Schivaiten (oder Schaivas) haben als Hauptgott Schiva, der oft als phallusartiger Stein symbolisiert wird. Seiner Familie kommt hohe Verehrung zu.

Die tamilischen Hindus gehören mehrheitlich dem Schivaismus, der Schule der Saiva-Siddhanta, an. Wichtig ist in diesem Zusammenhang zu beachten, dass von den rund 40'000 Tamilen in der Schweiz 75% Hindus, über 20% römisch-katholisch und eine kleine Minderheit Mitglied einer evangelischen Freikirche sind.

Wir stellen die beiden Richtungen der tamilischen Hindus von Sri Lanka und der Hindus aus Indien separat vor, weil sie sich stark unterscheiden.

Glaubensgrundlage

Der Körper dient nach hinduistischer Vorstellung als Residenz für das unsterbliche Selbst (Atman), das sich so lange im Kreislauf von Geburt und Tod (Samsara) bewegt, bis seine wahre Identität erkannt und es endgültig vom Körper befreit wird. Das Durchwandern verschiedener Körper erfolgt nach Beurteilung der Taten (Karma), die in den früheren Existenzen begangen wurden. Erlösung wird erst möglich, wenn das Selbst von allen Bindungen an den Körper und die Welt frei ist und kein neues Karma entsteht. Das Ende aller Leiden und aller Verstrickungen in die Welt ist erreicht, wenn das unsterbliche Selbst, der Atman, nicht mehr in den Kreislauf von Geburt und Tod zurückkehrt. Im Hinduismus bedeutet Erlösung ‚Befreiung' (auch ‚Loslösung'). Sie beinhaltet einerseits die Befreiung vom Karma und damit von weiteren Wiedergeburten; andererseits beinhaltet sie die Befreiung beziehungsweise die Freisetzung von Atman in das wahre Sein (Brahman).

Die Erlösung kann durch Dharma erreicht werden, also durch die Befolgung von sozialen Vorschriften, religiösen Riten und moralischem Verhalten. Mit Dharma ist die Ordnung gemeint, die die Gesellschaft zusammenhält. Die Existenzmöglichkeiten wie auch das Kastensystem werden als Ausdruck einer kosmischen Ordnung gedeutet, der alle Wesen verpflichtet sind. Erlösung kann auch durch Bhakti, der liebenden Hingabe an eine Gottheit, oder durch Askese und Yoga erreicht werden. Bhakti ist ein Teil der vier Yogarichtungen Raja-Yoga, Karma-Yoga, Jnana-Yoga und Bhakti-Yoga.

Die soziale Struktur und das Kastensystem
Nach hinduistischer Lehre wird jeder Mensch in eine Kaste (varna = Farbe) hineingeboren. Das Kastensystem ist durch religiöse Werte strukturiert. Der soziale Status des Einzelnen ist an rituelle Rechte gebunden. Die Kasten sind in viele Unterkasten (jati) zersplittert. Man wird seinem Karma gemäss in unterschiedliche Kasten geboren. Jede Kaste hat innerhalb der indischen Gesellschaft andere soziale und religiöse Pflichten (und Reinheitsvorschriften). Man ist Zeit seines Lebens an seine durch Geburt erworbene Kaste gebunden. Ein Wechsel in eine andere Kaste ist nicht möglich.

Die soziale Hierarchie wird durch den Wert der „Reinheit"

strukturiert. Deshalb stehen an der Spitze nicht die real Mächtigen (Aristokraten und Landbesitzer), sondern die Brahmanen (die Gelehrten und Priester).

Die vier Kasten:
1. Brahmanen: Priester und Gelehrte
2. Kschatriya: Krieger, Aristokraten, Landbesitzer
3. Vaischya: Händler, Geschäftsleute, Handwerker
4. Schudra: Diener, Knechte, Tagelöhner

Die «Dalit» (Unberührbare, Kastenlose; von Mahatma Gandhi beschönigend Harijan, «Kind Gottes» genannt) leben am Rand der Gesellschaft und repräsentieren und bearbeiten all das, was die Kastengesellschaft ausgrenzen muss, um ihre Werte der Reinheit aufrechterhalten zu können. In der indischen Verfassung findet das Kastensystem keine Verankerung.
Soziale und religiöse Praktiken sind im Hinduismus mit Ideen von Reinheit und Unreinheit verbunden. Rituelle Reinheit ist somit eine Grundbedingung in den hinduistisch-religiösen Traditionen. Die Ausübung ritueller Rechte ist an bestimmte Grade ritueller Reinheit geknüpft, die auch den sozialen Status der Akteure bestimmen. Verunreinigung geschieht durch bestimmte Substanzen wie Nahrung oder Blut, durch bestimmte Ereignisse wie Tod oder Geburt oder durch Gesetzesverstösse. „Reinheit" bedeutet die Eignung einer Sache oder einer Person für bestimmte (rituelle) Zwecke.
Tamilische Hindus haben beachtliche heilige Schriften, deren Originale in ihrer Muttersprache geschrieben wurden. Tiruvalluvar verfasste vor bald zweitausend Jahren das Tirukkural. Das Werk Tirukkural ist trotz seines Alters immer noch aktuell und umfasst eine Ethik und

einen Verhaltenskodex und wird während der Puja regelmässig rezitiert.

Jenseitsvorstellungen

Die hinduistischen Traditionen glauben an die Wiedergeburt und den Existenzkreislauf (Sanskrit: Samsara). Die Wiedergeburt erfolgt je nach individuellem Karma in verschiedene Existenzformen, bspw. als Pflanze, Tier, Mensch oder Gottheit. Es gibt Vorstellungen von einem Himmel. Eine Wiedergeburt im Himmel ist möglich bei positivem Karma (gute Taten). Allerdings ist ein Aufenthalt im Himmel nur vorübergehend, denn der Himmelsbereich und auch die Höllenbereiche gehören zum Samsara. Das Endziel im hinduistischen Glauben ist aber Mokscha, die Befreiung aus dem Samsara.

TAMILISCHE HINDUS VON SRI LANKA

Grundlagen

Die grosse Mehrheit von Hindus im deutschsprachigen Raum machen Tamilen und Tamilinnen aus Sri Lanka aus. Der Hinduismus ist in Sri Lanka eine Minderheitsreligion von ca. 17%. Ihre Anhänger stammen ursprünglich aus Südindien und sind vorwiegend Schivaiten. Seit den 1980er Jahren herrscht in Sri Lanka ein Bürgerkrieg zwischen der tamilischen Minderheit und der singhalesischen (und buddhistischen) Mehrheit. Als Folge davon flohen viele Tamilen aus Sri Lanka.

Die Mehrheit der tamilischen Hindus sind Schivaiten, die den Gott Schiva als Hauptgott verehren. Eine kleine Minderheit ist vischnuitisch und gehört der Krishna-Bewegung an. Schiva bildet mit seiner Frau Parvati und den Söhnen Ganescha und Murugan eine Familie. Ganescha, der elefantenköpfige ältere Sohn, ist einer der beliebtesten Götter der Hindutraditionen. Seine Verehrung dient dazu, das Gelingen aller Unternehmungen zu sichern. Bei einer Puja wird immer zuerst Ganescha angerufen. Murugan, der jüngere Sohn, wird besonders in Südindien und auf Sri Lanka verehrt. Der Saiva-Siddhanta, eine der Hauptrichtungen innerhalb des Schivaismus, ist vorwiegend in Südindien und Sri Lanka verbreitet. Die philosophische Tradition des Saiva-Siddhanta vertritt eine dualistische Theologie. Ihr Ziel ist die Befreiung. Der tamilische Saiva-Siddhanta hat einen eigenen Textkanon entwickelt, der zur wichtigsten orthodoxen Form des südindischen Schivaismus wurde.

Symbole und Kleidung

Tamilische Männer tragen normalerweise westliche Kleidung, ausser bei Tempel- und Festbesuchen. Dann tragen sie oft ein Wickeltuch (Tamil: Verti). Manche tamilische Frauen tragen täglich indische Kleidung, oft ein „Punjabi": (Salwar Kamiz) weite, lange Bluse und weite Hosen. Für Tempel- und Festbesuche wechseln sie meist zum Sari (traditionelles indisches Wickelkleid für Frauen).

Bei tamilischen Hindus finden wir oft diese Symbole: Pitu / Pottu / Bindi (roter oder schwarzer Punkt auf der Stirn bei hinduistischen Frauen und Mädchen), Bilder von Gottheiten (zum Beispiel im oder am Auto), Blumengirlanden, Symbol Mantra OM/AUM (Bild 15+16) als Anhänger, Kleber oder in einer anderen Form.

Amulette: Verheiratete Frauen tragen eine Kette (Tamil: Thali) aus Gold um den Hals.

Pflegerelevante Themen

Das zyklische Weltbild der Hindus ist die Abfolge von Geburt, Leben, Sterben und Wiedergeburt. Das jetzige Leben wird durch die vorherigen Existenzen beeinflusst. Krankheit und Behinderung werden als logische Folge von früheren Taten oder Verhaltensweisen aufgefasst.

Allgemein wird in den hinduistischen Traditionen davon ausgegangen, dass Krankheit mit dem Karma zu tun hat. Wenn jemand eine schlimme Krankheit oder eine Behinderung hat oder keine Kinder bekommen kann, wird der Grund dafür im Karma gesehen.

Leiden Tamilen und Tamilinnen unter Depressionen, empfinden sie Scham und wollen nicht, dass andere es wissen. Betroffene gehen nicht von selbst in eine Behandlung. Bei einem Psychiatrieaufenthalt bekommen sie nur wenig Besuch. Über psychische Krankheiten wird nicht

gesprochen, da es ein grosses Tabu ist.
Befindet sich ein hinduistischer Tamile in Spitalpflege, wird ihm durch den Priester heilige Asche (Vibhuti) auf die Stirn aufgetragen. Diese sollte nicht entfernt werden.
Manchmal wird um das Handgelenk des Kranken eine ‚heilige Schnur' („kapu" in Tamil) gebunden. Es ist eine Art Schutzband. Diese Schnur sollte nicht abgenommen werden, weil sie für die hinduistischen Tamilen sehr viel bedeutet. Es kann zu Schwierigkeiten kommen, weil zum Beispiel im Operationssaal wegen Hygienevorschriften die Schnur abgenommen werden muss.

Rituale

Der Priester führt im Tempel spezielle Rituale und Gebete für den kranken Menschen durch. Auch die Angehörigen sind bei diesem Ritual anwesend.
Tamilische Hindus beten gewöhnlich zwei Mal am Tag (morgens und abends) vor dem Hausaltar mit Bildern oder kleinen Statuen verschiedener Gottheiten.
Da auch Gebete einen Einfluss auf die nächste Existenz haben, ist es für hinduistische Patientinnen und Patienten von grosser Bedeutung, dass sie auch während ihres Spitalaufenthalts beten können. Auch Schwerkranken sollte dies ermöglicht werden. Für die einen ist es kein Problem, dies in Gegenwart von Andersgläubigen zu tun. Andere fühlen sich jedoch zu stark gestört. Sie wären gerne fürs Gebet durch einen Paravent geschützt oder würden sich dafür in ein anderes Zimmer zurückziehen. Bedürfnisse und Möglichkeiten sollten daher mit den Betroffenen besprochen werden.
Puja heisst die tägliche Verehrung der Gottheiten im Tempel. Die Verehrung der Gottheit verläuft nach einem

bestimmten Ritualplan: Anrufung, Waschen und Ankleiden der Gottheit, Rezitation von Hymnen, Darreichung von Gaben.

Körperpflege

Fliessendes Wasser ist wichtig. Viele Tamilen und Tamilinnen duschen jeden Tag. Wichtig ist das Händewaschen vor jeder Mahlzeit und vor den Gebeten. Durch die Menstruation wird eine Frau rituell unrein und darf in dieser Zeit weder den Tempel besuchen, noch am Hausaltar Rituale ausführen. Nach der Menstruation führt sie eine bestimmte Waschung durch und wechselt alle Kleider und die Bettwäsche. Die hinduistische Patientin wird der Pflegeperson sehr dankbar sein, wenn der Wechsel der gesamten Bettwäsche auch im Spital möglich ist.
Manche tragen auf der Stirn Vibhuti auf. Dies ist speziell verarbeitete Asche aus getrocknetem Kuhdung.

Geschlechterbeziehung

Im Spital ist es wichtig, dass Tamilen und Tamilinnen von gleichgeschlechtlichem Spitalpersonal gepflegt oder untersucht werden. Tamilische Hindus praktizieren eine strikte Trennung zwischen Mann und Frau. Sie vermeiden den Körperkontakt mit dem anderen Geschlecht.

Kleidung

Bezüglich Kleidung gibt es keine besonderen Vorschriften. Traditionellerweise tragen Frauen einen Sari. Hier tun sie das meistens nur, wenn sie den Tempel besuchen. Körperdiskretion ist für viele Hindus wichtig. Die Spitalnachthemden sind ihnen unangenehm, da sie am Rücken offen sind. Tamilen und Tamilinnen bevorzugen deshalb eigene Kleider.

Nahrungsvorschriften

Die Kuh als Milchgeberin und Schöpfungssymbol ist im Hinduismus heilig. Daher wird weder Kalbs- noch Rindfleisch gegessen. Auch Speisen, die mit Produkten dieser Art in Kontakt kamen, werden nicht gegessen. Viele Hindus sind Vegetarier. Am Dienstag und am Freitag fasten tamilische Hindus. Es handelt sich nicht um ein vollständiges Fasten, sondern in jedem Fall um den Verzicht von Fleisch und Fisch. An diesen Tagen findet die Puja statt. Um dafür rituell rein zu sein, darf an diesem Tag nichts Tierisches ausser Milchprodukten genossen werden.

Für alle Brahmanen (also nicht nur für die Hindupriester) gelten strenge Vorschriften. Sie verzichten auf den Genuss von Fleisch, Fisch und Ei und dürfen nicht einmal damit in Berührung kommen, da sie sonst rituell unrein würden. Sie bevorzugen eine Kost aus Reis, Gemüse und Früchten.

Viele Hindus der älteren Generation sind es gewohnt von Hand zu essen, wie es in Indien und Sri Lanka üblich ist.

Haltung gegenüber der modernen Medizin

Grundsätzlich sind Hindus nicht gegen die moderne Medizin. Es wird aber individuell entschieden und jede und jeder soll selbst entscheiden, ob er oder sie die moderne Medizin in Anspruch nehmen will. Zur typischen tamilischen Medizin gehören Sita und Ayurveda, die ebenfalls individuell und vor allem bei Erkältungen angewendet werden.

Abtreibung ist im Hinduismus nicht erlaubt, geschieht aber trotzdem.

Bluttransfusion ist erlaubt. Zur Organspende gibt es unterschiedliche Positionen innerhalb des Hinduismus: Die einen sehen die Organspende als ein Nehmen und Geben an und stimmen ihr zu. Die andere Position lehnt sie ab, da bei einer Organspende nicht der ganze Körper kremiert wird (ein Organ fehlt), und das in ihren Augen eine Sünde für die Seele ist, weil dadurch ein Teil des Körpers noch zurückbleiben würde.

Sterben und Tod

Positive Gedanken während des Sterbens verhelfen zu einer guten Wiedergeburt. Hilfreich im Augenblick des Todes ist es, sich an eine Erlösung verheissende Gottheit zu erinnern. Auch der Tod an einem heiligen Fluss (zum Beispiel Ganges) wird empfohlen. Dies bleibt in der Schweiz natürlich Wunschdenken.

Die Angehörigen sind bei der sterbenden Person und begleiten sie während dieser Phase. Gebete und Mantras werden zu ihr gesprochen, da diese der sterbenden Person zu einer besseren Wiedergeburt verhelfen sollen.

Auf Wunsch der oder des Sterbenden kommt eine „spirituelle" Person für Gebete ins Spital, ausnahmsweise auch ein Hindupriester.

Sterbehilfe

Sterbehilfe wird in der Regel abgelehnt. Der Patient muss versuchen, die Schmerzen zu ertragen. Nach der hinduistischen Lehre sind Schmerzen eine Folge von Taten früherer Leben (Karma). Wird Sterbehilfe in Anspruch genommen, so werden die Schmerzen im nächsten Leben wieder kommen.

Sterbehilfe wird im Hinduismus ähnlich wie Selbstmord verstanden.

Eine eigentliche Patientenverfügung ist bei Tamilen noch weitgehend unbekannt. Die Familie diskutiert, und ein

Hindupriester wird um Rat gefragt (nicht ein Arzt). Mit Hilfe des Mondkalenders wird dann ein bestimmter Tag ausgewählt, wo dann beispielsweise die Maschinen ausgeschaltet werden.

Tod

Die Vorstellungen über Geburt und Tod werden geprägt durch die Lehren vom Karma und von der Erlösung des unsterblichen Selbst. Das Selbst reist durch verschiedene Körper, und es ist wichtig, sich auch wieder vom Körper lösen zu können. Tod und Sterben sind notwendig in diesem Prozess. Tod bedeutet im Hinduismus der Wechsel oder die Transformation in ein anderes Leben und der Beginn der nächsten Wiedergeburt.

Die Angst vor dem Tod kommt unter Laien vor. Wer aber gute Kenntnisse hat über Leben und Tod (zum Beispiel ein Priester), hat weniger Angst vor dem Tod.

Weit verbreitet unter den Tamilinnen ist lautes Weinen und Wehklagen, wenn jemand verstorben ist.

Die Leichenwaschung erfolgt im Spital oder auf dem Friedhof und wird von einer verwandten Person durchgeführt. Wichtig ist die Geschlechtertrennung. Bei der eigenen Mutter darf die Leichenwaschung auch vom Sohn übernommen werden, bei einem Kind auch von den Eltern. Anschliessend wird der Leiche frische Kleidung angezogen (bei Frauen ein Sari).

Wenn es nicht anders geht, wird eine Autopsie erlaubt. Viele Hindus lehnen diese aber aus Glaubensgründen ab.

Wer mit einem toten Menschen in Kontakt kommt, gilt als rituell unrein. Die nächsten Verwandten von Verstorbenen gelten für ein Jahr, Bekannte und Freunde und andere Beteiligte für drei Tage bis einen Monat als unrein.

In dieser Zeit darf auch kein Tempel besucht werden.
Ein Brahmane, ganz speziell ein Tempelpriester, darf grundsätzlich nichts mit dem Tod zu tun haben, weil er sich sonst verunreinigt. Die einzige Ausnahme ist der Tod enger Familienangehöriger.
Unterschiede zwischen Sri Lanka und der Schweiz nach dem Tod von Familienangehörigen: In Sri Lanka dauert es lange bis die Normalität, also der Alltag, wieder einkehrt. In der Schweiz geht es schneller. Das hängt vor allem mit der Individualisierung (ein Merkmal unserer postindustriellen Gesellschaftsform) zusammen. Jeder und jede sorgt erst einmal für sich selbst. Hier haben zudem tamilische Frauen mehr Möglichkeiten. Sie können berufstätig, selbstständiger und weniger abhängig sein. In Sri Lanka sind Familienangehörige zuständig für die Angelegenheiten der Verstorbenen. Anders ist es jedoch bei hier lebenden Tamilinnen und Tamilen.

Kremation

Eine Repatriierung, also eine Überführung der Leiche ins Heimatland, findet nicht statt, weil fast ausschliesslich kremiert wird. Die Kremation erfolgt in einem öffentlichen Krematorium. Vor der Kremation wird ein Ritual durchgeführt, bei dem die Angehörigen des Verstorbenen ein kleines Licht in der Hand halten und in einem Kreis um die Leiche stehen. Der älteste Sohn, oder ein männlicher Verwandter zündet den Scheiterhaufen an (in Sri Lanka) oder drückt auf den Knopf der Kremationsanlage (in der Schweiz).
Während der Kremation werden bestimmte Lieder auf Tamil gesungen.
Die Asche wird häufig einem Fluss übergeben: dem Ganges in Indien oder einem Fluss in der Schweiz.

Beispiel Bern: Der Hindutempel Saivanerikoodam und der Murugan-Tempel in Bern führen die Sterberituale im Bremgartenfriedhof in Bern durch. Sie haben ein Abkommen mit der Friedhofsleitung, die es ihnen erlaubt, ein kleines Feuerritual in der Leichenhalle durchzuführen. Der älteste Sohn führt das Ritual durch. Ein Hindupriester leitet die Zeremonie und Ritualtexte werden in den Sprachen Sanskrit und Tamil vorgetragen.

Tamilen und Tamilinnen der jüngeren Generation werden teilweise auch hier (zum Beispiel im Bremgartenfriedhof) in Urnengräbern begraben. Die wenigen tamilischen Hindu-Gräber sind nicht abgetrennt von den christlichen Gräbern.

Meistens wird die Asche nach Indien zurückgeführt, wo sie dem Fluss Ganges übergeben wird. Der Fluss Ganges (Sanskrit Ganga) in Nordindien nimmt hinsichtlich der Totenrituale der Hindus eine ganz wichtige Bedeutung ein. Ganga wird als Göttin verehrt. Sie bringt Reinheit und Erlösung. Durch ihre reinigende Kraft wird die Asche von Verstorbenen vollständig gereinigt und in die Himmelswelt überführt.

Die meisten der verstorbenen Tamilen, die dem Saivanerikoodam-Verein angehörten, wurden in Bern kremiert. Die Urne mit der Asche wird vom Bremgartenfriedhof nach Varanasi (Benares) geschickt und dort dem heiligen Fluss Ganges übergeben. Die Urne wird vom Bremgartenfriedhof versiegelt und gekennzeichnet. Die Kosten für den Urnentransport übernehmen die Trauerfamilien selbst.

Inzwischen gibt es auch die Möglichkeit, die Asche nach Sri Lanka zu repatriieren. Das war infolge des Bürgerkrieges lange Zeit nicht möglich. Im Norden Sri Lankas wird die Asche dann einem Fluss oder dem Meer übergeben.

Vieles wird nur noch ansatzweise durchgeführt. Einerseits aufgrund der Assimilation, andererseits können bestimmte Rituale in der Schweiz nicht durchgeführt werden, so zum Beispiel die Feuerbestattung auf offenem Feuer.
Wie wird die Leiche hergerichtet?
Leichenwaschung: In Sri Lanka wird die Leiche traditionell auf einen Stuhl gesetzt und mit „heiligem Wasser" (Wasser, das mit Hilfe von Mantras und Erzählungen über die sieben heiligen Flüsse Indiens einen „heiligen" Status erreicht, oder Wasser aus einem dieser heiligen Flüsse), Milch, Joghurt, Rosenwasser usw. „geduscht". Das ist hier in der Schweiz meist nicht möglich.
Symbolisch werden ein paar Tropfen dieser Substanzen über die Leiche geträufelt. Hinter dem Sarg mit der Leiche steht ein Spiegel, mit dessen Hilfe die über die Leiche geträufelten Tropfen wie eine Waschung wirken.
Nach dem rituellen Bad wird die Leiche in traditionelle hinduistische Kleider gekleidet. Nur in der Kleidung gibt es Unterschiede nach Geschlechtern. Es ist wichtig, dass Frauen einen Sari tragen.
Aufbahrung: Die Leiche wird drei bis vier Tage aufgebahrt. (In Sri Lanka und in Indien wird diese Zeit wegen schneller Verwesungsgefahr so kurz wie möglich gehalten.)

Kindsbestattung, Frühgeburten

Kinder unter 12 Jahren werden nicht kremiert, sondern erdbestattet. Hindus glauben, dass die Seele von Kindern noch rein ist.
In Bern werden sie auf dem Bremgartenfriedhof bei den Kindergräbern beigesetzt.

Hilfe für die Trauerfamilie

Wenn jemand stirbt, helfen die Angehörigen der betroffenen Familie, indem sie für die Trauerfamilie kochen. Die Trauerfamilie darf während – je nach Tradition – 8 oder 31 Tagen nicht selber kochen. Teilweise unterstützen sie die Trauerfamilie auch finanziell.

Trauerbräuche

Es erfolgt keine offizielle Einladung zur Trauerfeier. Die Nachricht wird von Freunden der Familie verbreitet und oft in Form von kopierten Texten in den Tempeln und tamilischen Läden der Region angeschlagen.

Nach der Trauerfeier findet ein gemeinsames Essen statt.

Jahrzeiten: 31 Tage nach dem Tod findet eine Feier statt. Ein Jahr (Mondkalender) nach dem Ableben der betreffenden Person findet ein grösseres Gedenkfest statt. Jedes Jahr werden zum Todestag, mit einem Priester zusammen, Gebete gesprochen. Dies findet entweder im Tempel oder bei der Familie zu Hause statt. Der Todestag ist ein Erinnerungstag, an dem auch Fotos der oder des Verstorbenen gezeigt werden.

Es werden keine Kondolenzkarten verschickt.

Weil es im Normalfall kein Grab gibt, fällt die Grabpflege weg. Die Asche wird in der Regel hier in der Schweiz oder in Indien einem Fluss übergeben.

Es gibt ein paar Urnengräber im Bremgartenfriedhof in Bern.

Spezialfragen
Suizid

Selbstmord verstösst gegen das göttliche Gesetz. Die Seele ist unruhig, weil sie den Körper früher verlassen musste. Suizid ist ein Tabu. Hindus, die ihrem Leben selbst ein Ende machen, werden auch kremiert, aber mit einer anderen Zeremonie. Die Totenzeremonie soll die Seele des Verstorbenen beruhigen. Es werden nicht so viele Rituale durchgeführt, wie bei einer „normalen" Totenzeremonie. Die Trauerfeier wird bereits nach sechs Monaten und nicht erst nach einem Jahr durchgeführt.

Selbstmord ist eine Handlung, die zu negativem Karma führt (nicht nur andere, sondern auch sich selbst zu verletzen oder zu töten ist eine schlechte Handlung und führt zu negativem Karma).

Wenn zum Beispiel jemand mit 25 Jahren Selbstmord begeht und eigentlich bis 75 gelebt hätte, wird seine Seele während dieser 50 Jahre nicht zur Ruhe kommen und muss diese Zeitspanne abwarten. Danach erfolgt die Wiedergeburt. Man sagt, dass Seelen von Menschen, die Suizid begehen, sehr durstig sind (vergleichbar mit einem Menschen, der ohne Wasser in der Wüste ist).

Literatur

Martin Baumann, Brigitte Luchesi, Annette Wilke (Hrsg.): Tempel und Tamilen in zweiter Heimat. Hindus aus Sri Lanka im deutschsprachigen und skandinavischen Raum. Würzburg 2003.

Christoph Peter Baumann: Begegnung mit dem Hinduismus. Am Beispiel der Tamilen. Hamburg 1994., 2. Aufl. 1996.

Kontakt

In vielen Kantonen der Schweiz gibt es tamilische Vereine und Tempel.
Hindu Tempel Basel, Mailandstrasse 30, 4053 Basel
Telefon 061 332 10 96. Mobile 078 717 73 75.
info@hindutemple.ch
Hindu Gemeinde Schweiz Saivanerikoodam
Laubeggstrasse 21, 3006 Bern
Verantwortlicher: Sasikumar Tharmalingam
Telefon 031 302 09 56. Mobile 078 645 30 42.

IN KÜRZE
TAMILISCHE HINDUS VON SRI LANKA

Care Team und Notfallseelsorge

Unbedingt beachten, dass Menschen aus Sri Lanka nur zu etwa 75% Hindus sind. Die übrigen sind zu etwa 20% christlich, Minderheiten sind buddhistisch oder islamisch.

Kleidung: Frauen tragen manchmal einen Sari (Wickelkleid). Ansonsten sind sie häufig westlich gekleidet.

Symbole: Verheiratete Frauen tragen oft eine Halskette mit einem Anhänger einer hinduistischen Gottheit. Verheiratete Männer tragen manchmal einen Ring oder Anhänger mit einem hinduistischen Symbol (zum Beispiel Mantra OM: Bild 15+16) oder einer Gottheit. Der Schmuck ist aus Gold.

Im Auto sind häufig Bilder oder Ketten von einer oder mehreren Gottheiten angebracht, zum Beispiel Ganescha (Bild 205).

Was tun mit Sterbenden? Die Familie benachrichtigen. Ein Priester kommt nicht an einen Unfallort.

Begleitung der Familie? Die Familie wird von Freunden und Bekannten betreut. Auf Wunsch besucht ein Priester die Familie.

Rituale: Im Tempel oder auch zu Hause bei der Familie führt ein Priester Rituale und spezielle Gebete durch.

Triage: Die Leiche soll zum Friedhof gebracht werden. Traditionellerweise führt ein Totenpriester durch die Zeremonie. Heute macht dies teilweise auch eine andere Person, die auch darin ausgebildet ist, aber nicht aus der Brahmanenkaste stammt.

Suizid: Die Familie kontaktieren, nicht den Priester. Die Familie wird von Verwandten und Freunden betreut.

Krankenpflege und Spitalseelsorge

Ernährung: Viele bevorzugen vegetarische Ernährung, in der Regel aber mindestens am Dienstag und Freitag.

Kleidung: Wenn möglich eigene Kleidung.

Geschlechterbeziehung: Strikte Trennung zwischen Mann und Frau. Möglichst gleichgeschlechtliche Pflege.

Rituale: Morgens und Abends Gebete. Raum abklären.

Tabus: Essen mit Rindfleisch.

Todesfall: Die Familie kontaktieren, nicht den Priester.

Religiöse Betreuung: Die Familie ist zuständig.

HINDUS AUS INDIEN

Grundlagen

Die indischen Hindus, die sich permanent in der Schweiz niedergelassen haben, unterscheiden sich sehr stark von tamilischen Hindus. Dabei steht die Religion nicht einmal im Vordergrund. Die Unterschiede sind vorwiegend sozialer und kultureller Natur. Meistens leben die indischen Hindus schon lange in der Schweiz, sind gut bis sehr gut ausgebildet, viele sind Akademiker. Ein grosser Teil kommt vom indischen Bundesstaat Bengalen. Manche leben in einer Mischehe mit einer Schweizerin, die keine Hindu ist. Es hat eine Integration oder sogar Assimilation stattgefunden. Wie es Sekondos aus homogenen indischen Familien handhaben, ist uns nicht bekannt. (Von unseren indischen Freunden konnten wir auch nichts darüber erfahren.) Hauptgrund dafür dürfte der sein, dass sich das religiöse Leben bei indischen Hindus meistens hinter verschlossenen Türen in der Familie abspielt.

Auch junge Inder leben in der Schweiz. Sie arbeiten für einen internationalen Konzern. Hier ist eine Aussage zu unserer Thematik noch schwieriger zu machen.

Indische Hindus sind mehrheitlich Vaischnava. Ein Tempel besteht nicht, ist auch nicht nötig, weil die Religion vorwiegend daheim praktiziert wird. So hat jede indische Familie daheim einen Hausaltar oder sogar einen Haustempel. Es gibt viele gläubige Hindus, die täglich ihre Religion praktizieren, aber nie einen Tempel besuchen.

Indische Hindus praktizieren ihre Religion soweit als möglich. Oft sind sie bei den seltenen Hindufesten oder den häufigeren kulturellen Festen dabei. Der Organisationsgrad ist bescheiden. In der Nordwestschweiz, beson-

ders im Kanton Aargau, gibt es den «Elferklub» von ursprünglich 11, heute 17 bengalischen Männern, die sich viermal jährlich treffen. Die meisten Feste werden nur gruppenweise oder in der Familie gefeiert.
Es bestehen oberflächliche Kontakte zur Krishna-Bewegung, hingegen kaum zu tamilischen Hindus. Deren Tempel werden nur ausnahmsweise besucht. Alljährlich feiern sie gesamtschweizerisch oder regional religiöse Feste. So zum Beispiel Raksha Bandhan im Sommer oder Durga-Puja im Herbst.

Heilige Schriften

Es gibt unzählige heilige Bücher und Schriften im Hinduismus. Zwei grosse Epen haben bis heute einen nachhaltigen Einfluss: das Mahabharata und das Ramayana. Die Bhagavad Gita, ein Teil des Mahabharata, hat besondere Bedeutung erlangt: Vischnu, in der irdischen Erscheinung (Inkarnation) als Wagenlenker Krischna, unterweist Arjuna, der sich in der Schlacht weigert, seine Verwandten zu töten, in den Grundsätzen pflichtgemässen Handelns. Die Bhagavad Gita ist für Vaischnava eines der wichtigsten heiligen Bücher.

Pflegerelevante Themen

Hindus erhalten viel Besuch im Spital. Das Spital muss dafür bereit sein und es akzeptieren.

Körperpflege und Kleidung

Hindus waschen sich als erstes am Morgen unter fliessendem Wasser. Wenn die Möglichkeit besteht, wird tägliches Duschen bevorzugt. Vor jeder Mahlzeit waschen Hindus ihre Hände und spülen den Mund, wenn sie traditionell von Hand und nicht mit Besteck essen.

Für die Kleidung gibt es normalerweise nichts zu beachten. Frauen sind zum Teil etwas konservativer, deshalb ist ein entsprechendes Gespräch von Vorteil.

Speisevorschriften

Die Mehrzahl der Hindus sind Vegetarier. Sie verzichten auf Fleisch, Fisch und Nahrungsmittel, die mit Fleisch in Kontakt gekommen sind, wie zum Beispiel Saucen.
Die Nahrung im Spital ist für Hindus kein Problem, sofern sie vegetarisch ist. Bekannte und Verwandte bringen manchmal auch Essen mit.
Es gibt verschiedene Arten zu Fasten. Varianten von Fasten sind beispielsweise, nur eine Mahlzeit pro Tag zu sich nehmen oder nur Früchte und Milchprodukte zu essen. Manchmal wird auf feste Nahrung verzichtet und nur Wasser getrunken. Gefastet wird aus religiösen Gründen, beispielsweise an bestimmten Tagen. Fasten hat eine reinigende Wirkung auf den Körper und die Seele. Deshalb gibt es Hindus, die fasten, wenn sie krank sind. Es ist wichtig, dass das Pflegepersonal es weiss, wenn ein Hindu fastet.

Geschlechterbeziehung

Idealerweise möchte ein Mann von einem Mann, eine Frau von einer Frau gepflegt werden. Hindu-Frauen weigern sich häufig, ihre Kleider zur Untersuchung auszuziehen.

Haltung gegenüber der modernen Medizin

Indische Hindus bejahen die moderne Medizin. Es bestehen auch keine Einwände gegen die Organspende, das Organ-Empfangen und Blutspende. Über Organspende steht nichts in den heiligen Schriften. Der Körper hat nichts mehr mit der Seele zu tun, wenn die Seele beim Tod den Körper verlassen hat. Der Körper hat keine Funktion mehr. Die Organspende ist eine gute Tat, das heisst, gutes Karma.

Sterben und Tod

Sterben ist ein Teil des Lebens.
Liegen Hindus im Sterben, werden häufig Räucherstäbchen angezündet und es wird gesungen (Gebete). Im Spital werden Räucherstäbchen nicht gerne gesehen. Sterbenden sollte Gangajal (Gangeswasser) in den Mund geträufelt werden. Sofern kein Gangajal vorhanden ist, kann gewöhnliches Wasser, das mit Gebeten (zum Beispiel «Om Schanti») geweiht wurde, verwendet werden.
Sterbende Hindus werden von den Pflegenden im Spital betreut und vor allem von der Familie. Im Hinduismus gibt es keine Seelsorger, wie beispielsweise im Christentum. Ein hinduistischer Tempelpriester ist weder ein Pfarrer, noch ist er psychologisch geschult. Der hinduistische Priester kommt nicht ins Spital; er ist für die Rituale im Tempel zuständig.
Erfahrene Hindus, häufig ältere Verwandte, kümmern sich um sterbende Hindus. Die Familie ist zentral. Es ist wichtig, dass sie bei einem sterbenden Familienmitglied dabei ist. Es ist wichtig, dass Hindus, die im Sterben liegen, ihre Gedanken auf Gott / eine Gottheit konzentrieren. Dabei helfen Familienmitglieder und sorgen beispielsweise für das entsprechende Ambiente. Der Todesgott Yama wird als Freund und Befreier betrachtet.

Bestattung

Eine Repatriierung, also die Überführung des Leichnams in ein anderes Land – hier wohl Indien – ist sehr schwie-

rig und auch nicht unbedingt notwendig.
Nach dem Tod sollte eine rituelle Waschung stattfinden, was aber in der Regel nur noch symbolisch gemacht wird. In Indien wird die Waschung möglichst mit Gangeswasser oder direkt an einem Fluss durchgeführt, bevor der Leichnam auf einem Scheiterhaufen verbrannt wird.
Hindus kennen für Erwachsene nur die Kremation. Kleine Kinder werden bestattet. Darüber, bis zu welchem Alter dies geschieht und welches die Gründe für eine Erdbestattung sind, gehen die Meinungen weit auseinander.
In der Schweiz geschieht die Kremation im örtlichen Krematorium.
Die Asche wird oft in einen Fluss gestreut. Dies geschieht mit einem abschliessenden Ritual. In Zürich wird die Asche meistens beim Zusammenfluss von Limmat und Sihl dem Wasser übergeben. Im Idealfall wird aber die Asche nach Indien mitgenommen und dort in einen Fluss, zum Beispiel in den Ganges oder die Yamuna, gestreut.
Eine Abdankung findet in der Schweiz meistens in einer Kirche statt. Es spricht ein freier Begräbnisredner. Dazu wird indische Musik – Konserve oder im Idealfall live – gespielt. Manchmal werden dazu Mönche vom Krishna-Tempel in Zürich eingeladen.
Ein Vergleich mit den Bräuchen in Indien zeigt die grossen Unterschiede.
Mit der Kremation beginnt die Trauerzeit. Sie dauert 11-14 Tage. Mit einem Festessen mit Angehörigen, Freunden und Bekannten wird die Trauerzeit beendet. Ein Fischgericht ist fester Bestandteil des Essens, insbesondere bei Bengalen.
Die Söhne lassen sich als Zeichen der Trauer den Kopf scheren, ziehen ein weisses Dhoti (Wickeltuch) an und verzichten auf Waschen und Rasieren. Als Abschluss die-

ser strengen Trauerzeit essen Bengalen Fisch.
Während des Trauerjahres besuchen die Hinterbliebenen keine Feste und machen keine grossen Reisen. Das Trauerjahr wird mit der Sradhya-Zeremonie abgeschlossen. Diese Feier wird nur im engsten Familienkreis begangen.
In der Schweiz werden die Trauerbräuche den Umständen angepasst. So wird das Scheren des Kopfes auf ein symbolisches Schneiden einzelner Haare reduziert. Das Tragen eines Dhoti und der Verzicht auf die Körperpflege werden als hier undurchführbar bezeichnet.
Zu beachten ist, dass die Hinterbliebenen in einigen Fällen keine Hindus sind. Deshalb können Trauerbräuche den hier üblichen angeglichen werden.

IN KÜRZE
HINDU AUS INDIEN

Care Team und Notfallseelsorge

Kleidung: Keine spezielle Kleidung. Frauen tragen manchmal einen Sari (Wickelkleid).

Symbole: Mantra OM: Bild 15+16. Eventuell Hindugottheit.

Was tun mit Sterbenden? Die Familie benachrichtigen.

Begleitung der Familie? Die Familie wird von Freunden und Bekannten betreut.

Rituale: Familie ist zuständig.

Triage: Ortsüblich.

Suizid: Gleich wie bei einer natürlichen Todesursache oder einem Unfall.

Krankenpflege und Spitalseelsorge

Ernährung: Meistens vegetarisch.

Kleidung: Für Männer nichts zu beachten. Frauen wenn möglich eigene Kleidung.

Geschlechterbeziehung: Idealerweise möchte ein Mann von einem Mann, eine Frau von einer Frau gepflegt werden. Hindu-Frauen weigern sich häufig, ihre Kleider zur Untersuchung auszuziehen.

Rituale: Morgens und abends Gebete. Raum abklären.

Tabus: Essen mit Rindfleisch.

Todesfall: Die Familie kontaktieren, nicht den Priester.

Religiöse Betreuung: Die Familie ist zuständig.

ISLAM

Grundlagen

Der Islam ist mit über 1.5 Milliarden Anhängern die zweitgrösste Religion. Die heutige Form geht auf den Propheten Mohammed (ca. 570 - 632) zurück. In der Schweiz bekennen sich etwa 350'000 Menschen zum Islam. Viele haben türkische Wurzeln oder stammen aus Ex-Jugoslawien. Insgesamt leben Muslime aus über 20 weiteren Ländern bei uns: Aus dem Iran, Algerien, Marokko, Afghanistan, Ägypten, Tunesien, Pakistan und aus vielen weiteren Ländern. So verschieden wie die Herkunftsländer sind auch die Sprachen und Kulturen, die die Muslime aus ihrer Heimat mitbringen. Die Zahl der Konvertiten, also derjenigen, die zu einer anderen Religion übergetreten sind, kann nur schwer geschätzt werden. Durch die Einbürgerungen haben immer mehr Muslime die schweizerische Staatsbürgerschaft.

Im Islam gibt es zwei Hauptrichtungen sowie einige kleinere Gruppierungen. Die Mehrheit mit etwa 85% der Muslime sind Sunniten, eine grosse Minderheit mit etwa 12% sind Schiiten, eine kleine Minderheit bekennt sich zur Ahmadiyya.

Zwischen Sunniten und Schiiten bestehen im Glauben keine grossen Unterschiede. Sunniten und Schiiten haben im deutschsprachigen Raum jeweils eigene Moscheen und Vereine. Schiiten beten aber ohne weiteres auch in einer sunnitischen Moschee. Die Anzahl der schiitischen Moscheen ist bei uns gering.

In der Schweiz gibt es etwa 200 Gebetsräume. Die meisten haben äusserlich nicht viel gemeinsam mit den prächtigen Moscheen, wie wir sie aus muslimischen Ländern kennen. Obwohl diese Gebetsräume von aussen sehr bescheiden sind, werden sie gleichrangig mit den schönen Moscheen für die Gebete verwendet. Die unzähligen Vereine, die diese Gebetsräume führen, unterscheiden sich vor allem durch die Sprache und ihre Organisationsstruktur voneinander.

Eine spezielle Gruppierung bilden die Aleviten, die vor allem in der Türkei vertreten sind. Sie verehren Mohammeds Neffen und Schwiegersohn Ali besonders und lehnen mehrheitlich die islamische Gesetzlichkeit ab. Die Aleviten selber streiten darüber, ob sie zum Islam gehören oder nicht. Wir stellen die Aleviten in einem eigenen Kapitel vor.

Der islamische Glaube

«Islam» bedeutet «Ergebung (in den Willen Gottes)». «Muslim» ist jeder Mensch, der sich in den Willen Allahs ergibt und die 5 Säulen des Islam anerkennt:

1. Glaubensbekenntnis («Schahada»): «Ich bezeuge, dass es keinen Gott gibt ausser Allah (= «DER Gott») und dass Mohammed sein Gesandter ist.»
2. Fünf tägliche Pflichtgebete.
3. Verpflichtung, im Monat Ramadan zu fasten.
4. Jährliche Sozialabgabe «Zakat».
5. Wallfahrt nach Mekka.

Der Koran ist zugleich Heilige Schrift und Gesetzbuch und gilt als unveränderlich. Obwohl alle fünf Säulen als gleichrangig betrachtet werden und nur als Muslim gilt, wer sie alle anerkennt, ist das Pflichtgebet für das tägliche Leben prägend.

Nach Überzeugung der Muslime haben der Islam, das Judentum und das Christentum die gleiche Basis. Mohammed habe den ursprünglichen Islam wieder hergestellt.

Die biblischen Propheten werden anerkannt. Ibrahim (Abraham) gilt als Ur-Muslim. Isa (Jesus Christus) ist für sie der direkte Vorgänger von Mohammed und erfährt Hochachtung, gilt aber weder als «Sohn Gottes», noch als Erlöser.

Die «sechs Prinzipien» (Glaubensgrundlagen) können in Anlehnung an die «fünf Säulen» als Eckpfeiler des Islams bezeichnet werden. Sie sind eine Kurzfassung islamischer Theologie:

Der Glaube an Gott.

Der Glaube an Gottes Boten, die Engel.

Der Glaube an die geoffenbarten Bücher.

Der Glaube an die Gesandten.

Die Erwartung der Auferstehung der Toten und der Glaube an das Gericht.

Der Glaube, dass «Gutes und Böses durch Gottes Ratschluss existieren». (Der Glaube an Schicksal und Bestimmung; das geheimnisvolle Zusammenwirken zwischen Gottes Wissen, Willen und Allmacht und des Menschen freien Willens.)

Die Sunna

Eine wichtige Rolle spielt für Muslime die Sunna, das heisst, das, was der Prophet Mohammed gesagt, getan, verboten oder stillschweigend geduldet hat. Für Muslime sind die Hadithsammlungen, in denen die Gepflogenheiten Mohammeds überliefert sind, nicht nur ein reicher Fundus neben dem Koran, sondern eine wesentliche Quelle für das Recht und das Verhalten im täglichen Leben. So steht zum Beispiel im Koran, dass Muslime täglich beten sollen, aber nicht wie. Deshalb sind sie auf die Sunna angewiesen, um nach dem Vorbild Mohammeds zu beten. Weil vieles im Koran nicht explizit erwähnt oder im Detail beschrieben wird, ist die Sunna unverzichtbar, um das Leben zu gestalten. Auch für unser Thema bildet die Sunna eine wichtige Grundlage. Allerdings stossen wir damit auch auf Schwierigkeiten, da es, im Gegensatz zum Koran, nicht einfach ein Buch gibt, das für alle Muslime verbindlich ist. Es gibt viele Hadithe, die unter islamischen Gelehrten als unterschiedlich sicher gelten. Je nach Überlieferungskette kann ein Hadith als stark oder schwach gelten. Das heisst, dass lückenlos überliefert sein muss, wer von wem etwas gehört hat. Diese Überlieferungskette muss bis auf Mohammed zurückgeführt und logisch sein.

Die täglichen fünf Gebete

Zentral im Leben der Muslime ist das Gebet. Es strukturiert den Tag. Fünfmal täglich soll es verrichtet werden zu Zeiten, die vom Lauf der Sonne bestimmt werden. Damit erfüllen die Gläubigen nicht nur eine religiöse Pflicht, sondern sie wissen sich mit Millionen von Menschen auf der ganzen Welt solidarisch.

Ablauf und Inhalt der Gebete sind genau vorgeschrieben. Gebetet wird weltweit nur in arabischer Sprache. Ob in der Türkei, in der Schweiz oder Algerien besteht praktisch kein Unterschied, das Gebet ist überall das gleiche. Männer sollen wenn immer möglich in der Gemeinschaft, in der Mescid, beten. Frauen dürfen ihre Gebete zu Hause verrichten. «Moschee» und «Mescid» werden hier synonym verwendet. Beide Begriffe bedeuten «Ort der Niederwerfung» und kommen vom arabischen Begriff sadschda, Niederwerfen.

Die Situation in der Diaspora zwingt die Muslime zu manchen Konzessionen. Der Arbeitsprozess in einer industriellen Arbeitswelt lässt oft keinen Spielraum, um die

Gebete in der vorgeschriebenen Weise zur vorgeschriebenen Zeit zu verrichten. Deshalb müssen die versäumten Gebete später nachgeholt werden. Die Frauen dürfen in der Mescid beten, aber sie müssen nicht. Frauen dürfen auch daheim beten.

Nur in rituell reinem Zustand kann gültig gebetet werden. Das heisst, der Körper, die Kleidung und der Gebetsplatz müssen rituell rein sein. Ausserdem muss die Gebetsrichtung stimmen, das heisst, Betende müssen sich gegen Mekka aufstellen. Zudem muss die Gebetszeit eingehalten werden.

Jenseitsvorstellungen

Die Erwartung der Auferstehung der Toten und der Glaube an das Gericht sind wichtige Elemente des islamischen Glaubens. Der Tod als Ende des Lebens führt den Menschen wieder zu Gott. Niemand kann dem Tod entrinnen, er ist das Ende der von Gott gesetzten Zeit auf der Erde. Nach dem Tod warten die Seelen auf das Gericht, in dem darüber entschieden wird, ob ein Leben bei Gott im Paradies sein wird.

Muslime glauben, dass jedes Lebewesen, das aus freien Stücken an den einen Gott glaubt und ihm keine andere Gottheit beigesellt, durch die Barmherzigkeit Gottes ins Paradies gelangt. Dem Eintritt ins Paradies geht eventuell eine Bestrafung in der Hölle zuvor (Abbüssen für seine Sünden). Weder im Paradies noch in der Hölle gibt es den Tod. Das Leben wird unendlich sein.

Der Glaube an das Paradies und an die Hölle birgt den Gedanken der Gerechtigkeit Gottes in sich. Das Leben im Diesseits wird als Übergangsphase, als Prüfung angesehen. Die Gerechtigkeit Gottes besteht darin, seine Diener für ihre guten Taten zu belohnen und für die schlechten

Taten zu bestrafen. Muslime glauben jedoch auch an die Barmherzigkeit Gottes, der die guten Taten zehnfach oder mehr belohnt und die schlechten Taten nur einfach bestraft. Jeder kann der Strafe der Hölle entgehen, wenn er Gott aufrichtig und reuevoll um Vergebung seiner Fehltritte bittet.

Symbole und Kleidung

Das Kopftuch der muslimischen Frau ist Teil ihrer gesamten Kleidung, die bestimmten Vorschriften unterliegt. Kleidungsvorschriften gibt es im Islam sowohl für den Mann als auch für die Frau und dienen dazu, die Würde und Achtung vor ihnen zu schützen. Muslime sollten grundsätzlich Kleidung tragen, die den Körper in der Weise bedeckt, dass die Figur nicht sichtbar wird, um das Interesse des anderen Geschlechts nicht auf sich zu lenken. Deshalb sollte die Kleidung weder zu eng anliegen noch durchscheinend sein. Da die Haare der Frau eine sehr wichtige Rolle für ihr Aussehen spielen und auch eine gewisse Anziehung ausüben können, gilt für Frauen zusätzlich, dass sie eine Kopfbedeckung tragen sollen.

Die Mehrheit der Menschen, die sich zum Islam bekennen, sind aber nicht an der Kleidung zu erkennen. Eine Minderheit von Musliminnen trägt ein Kopftuch und Kleidung, die ausser den Händen und dem Gesicht keine Haut zeigt. Eine kleine Zahl von muslimischen Männern trägt ein Käppchen (Bild 103). Nur sehr wenige Männer tragen lange Bärte und Kleidung, die sie als Strenggläubige zu erkennen gibt, welche sich auch in jedem äusserlichen Detail an das Beispiel des Propheten halten. Frauen mit einer Burka, einem Ganzkörperschleier, sind sehr selten.

Als Symbole finden vor allem Kalligraphien von verschiedenen arabischen Texten aus dem Koran (Bild 19 + 308),

«Allah» (Bild 17), «Mohammed» (Bild 18) sowie Bildern von Mekka und Medina Verwendung in der Form von Schlüsselanhängern, Klebern oder Stoffbildern. Manche Muslime (vor allem Männer) haben eine Tesbih (Gebetskette, Bild 311) bei sich oder tragen einen Anhänger um den Hals, der Verse aus dem Koran enthält (Bild 309).

Pflegerelevante Themen
Krankheit und Religion

Allah gilt als Schöpfer und Lenker aller Dinge. Krankheit, Leiden und Behinderung gelten nicht als Strafe, sondern werden als Prüfung Gottes angesehen. Aufgrund kultureller Einflüsse kann Krankheit jedoch sehr unterschiedlich erlebt werden.

Als Lenker ist Gott derjenige, der heilt. Es ist jedoch die Aufgabe der Menschen, die entsprechenden Heilmittel zu finden. In diesem Sinne steht der Islam den medizinischen Wissenschaften und der Forschung recht positiv gegenüber.

Psychosomatische Zusammenhänge sind Muslimen und Musliminnen aber nicht leicht zu vermitteln, obwohl die Situation der Migration und die damit verbundenen Probleme (andere Gesellschaftsstruktur, Rollenprobleme, Trennung von der Familie) zu psychischen und psychosomatischen Erkrankungen führen können. Allerdings ist dies ein Migrationsproblem und nicht eines der Muslime allgemein!

Speise- und Hygienevorschriften gelten bis heute als Teil der islamischen Gesundheitserziehung. Sie haben für die Gläubigen eine äusserst wichtige Bedeutung, und es ist daher wichtig, dass Pflegende diese respektieren.

Der Krankenbesuch wird im Islam als religiöse Pflicht verstanden und hat u.a. auch eine gesundheitsfördernde Funktion. Somit wird verständlich, dass Patientinnen und Patienten, welche sich zum Islam bekennen, für Schweizer Verhältnisse oft sehr viel Besuch haben. Vor allem in Mehrbettzimmern kann dies zu Problemen führen. Für Pflegende sind dies oft schwierige Situationen. Eine Lösung zu finden, die die Bedürfnisse aller Parteien berücksichtigt, ist eine Herausforderung.

Rituale: Gebet

Der moderne Klinikbetrieb erschwert die Ausübung von islamischer Frömmigkeit, besonders die Einhaltung der Gebetszeiten. Das vorgeschriebene fünfmalige Beten wird oft auch von kranken Muslimas und Muslimen durchgeführt. Das Gebet dauert ca. 10 – 15 Minuten.
Gebetsbedingungen:
1. Rituelle Reinheit des Körpers. Dazu dienen die grosse und die kleine Waschung (siehe Körperpflege).
2. Rituelle Reinheit der Kleidung. Das heisst, sie darf keinerlei menschliche oder tierische Ausscheidungen oder Blut enthalten.
3. Rituelle Reinheit des Gebetsplatzes. Oft wird ein Gebetsteppich verwendet. Im Spital kann dafür auch ein Leintuch oder Badetuch benutzt werden.
4. Richtige Gebetsrichtung (das heisst, in Richtung der Kaaba in Mekka)
5. Richtige Gebetszeit:
   Morgengebet: zwischen Morgendämmerung und Sonnenaufgang
   Mittagsgebet: unmittelbar nach Sonnenhöchststand
   Nachmittagsgebet: zwischen Mittags- und Abendgebet
   Abendgebet: nach Sonnenuntergang
   Nachtgebet: nach Anbruch der Dunkelheit

6. Absicht zum Gebet (das heisst, man muss sich auf das Gebet einstellen und nicht nur gedankenlos das Gebet verrichten.)

Wenn die Möglichkeit besteht, einen Raum anzubieten, in welchem das Gebet ungestört durchgeführt werden kann, ist dies die optimale Lösung. Ansonsten kann eine Ecke des Zimmers mit einem Paravent abgetrennt werden. Für Pflegende ist es wichtig, daran zu denken, Muslimas und Muslime nach Absprache eventuell vor der Morgendämmerung zu wecken.

Bettlägerige Patientinnen und Patienten können das Gebet auch mit symbolischen Kopfbewegungen im Bett durchführen.

Eine besondere Stellung nimmt das Freitagsgebet ein. Es wird in Gemeinschaft gebetet und kann nicht nachgeholt werden. In diesem Sinne ist der Freitag ein Feiertag. Im Spitalalltag kann darauf kaum Rücksicht genommen werden.

Körperpflege

Die Körperpflege wird durch genaue Vorschriften geregelt. Daher empfiehlt es sich, Muslimas und Muslimen die Körperpflege, wenn immer möglich, selbst zu überlassen.

Die Körperpflege ist nicht nur von hygienischer, sondern auch von ritueller Bedeutung. Für das Gebet besteht die Vorschrift der rituellen Reinheit. Diese kann durch rituelle Waschungen erreicht werden.

Es wird zwischen der grossen und kleinen Waschung unterschieden.

Vor dem Gebet wird die kleine Waschung (Wudu, Abdest) durchgeführt: Mit reinem Wasser je dreimal die Hände waschen, Mund und Nase spülen, das Gesicht und die Unterarme dreimal waschen, mit der nassen Hand über die Haare, die Ohren und den Nacken streichen, die Füsse dreimal waschen. Wenn weder geschlafen noch die Toilette besucht wird, behält die Waschung ihre Gültigkeit auch für das nächste Gebet.

Die grosse Waschung (Ghusl) ist nach dem Geschlechtsverkehr, der Menstruation und der Entbindung nötig. Dabei wird unter fliessendem Wasser die kleine Waschung vollzogen und anschliessend der ganze Körper – auch die Haare – drei Mal mit Wasser übergossen.

Wie bereits oben beschrieben ist die rituelle Waschung eine Voraussetzung für das Gebet sowie für das Koranlesen. Zudem kann sie jeweils nach dem Schlafen, dem Gang zur Toilette und nach Kontakt mit «unreinen Stoffen» (z.B. Schwein, Blut, Exkrementen, Leichnam) durchgeführt werden. Die Waschung kann bei Schwerkranken, welche selber nicht in der Lage sind, diese vorzunehmen, durch eine symbolische Reibung (Tayammum) zum Beispiel mit einem Stein ersetzt werden.

Viele Muslime machen auch die grosse Waschung vor einer Operation. Sie behält auch nach der Operation ihre Gültigkeit. Deshalb kann die kleine Waschung durch Tayammum ersetzt werden, wenn die rituelle Waschung mit Wasser schwierig oder unmöglich zu vollziehen ist.

Muslimas und Muslime waschen sich zum Teil nur unter fliessendem Wasser, und ein Waschlappen ist ihnen meist fremd. Daher kann es sein, dass sie diesen als unhygienisch empfinden. Dies kann deshalb bettlägerigen Patientinnen und Patienten Schwierigkeiten bereiten, sich zu waschen. In diesem Fall eignet sich am besten ein Krug Wasser und ein grosses Becken (für den Intimbereich einen Nachttopf), um sich wenigstens Hände und den Intimbereich unter fliessendem Wasser reinigen zu können. Bei bettlägerigen Menschen ist daran zu denken,

dass sie öfters das Bedürfnis haben, sich zu reinigen (zum Beispiel nach dem Schlafen).
Weiter sollte in der Pflege berücksichtigt werden, dass Glaubensangehörige des Islam oft ein ausgeprägteres Schamgefühl haben als Menschen des westlichen Kulturkreises. Für sie ist es besonders wichtig, dass sie sich an einem Ort waschen können, wo sie vor fremden Blicken geschützt sind. Bei der Intimpflege ist dies besonders zu berücksichtigen. In diesem Sinne ist es für sie von grosser Bedeutung, dass sie während ihres Spitalaufenthalts eine gleichgeschlechtliche Bezugsperson haben, die ihre Bedürfnisse akzeptiert und respektiert.
Im muslimischen Kulturkreis ist es üblich, dass sich Frauen und Männer aus hygienischen Gründen mindestens alle 40 Tage den Intimbereich rasieren. Frauen tun dies meistens nach der Menstruation, wenn sie auch die grosse Waschung vornehmen (das austretende Blut ist gemäss ihrer Auffassung unrein).

Kleidung

«Prophet! Sag deinen Gattinnen und Töchtern und den Frauen der Gläubigen, sie sollen (wenn sie austreten) sich etwas von ihrem Gewand (über den Kopf) herunterziehen. So ist es am ehesten gewährleistet, dass sie (als ehrbare Frauen) erkannt und daraufhin nicht belästigt werden. Gott aber ist barmherzig und bereit zu vergeben.» (Koran 33, 59)

Auf diese Koranstelle beziehen sich muslimische Frauen und Männer, wenn sie fordern, dass sich Frauen, abgesehen von Gesicht und Händen, von Kopf bis Fuss zu bedecken haben. Sie sollen in der Öffentlichkeit ihre Geschlechtsmerkmale und Reize verdecken. Die Kleidung soll ihnen als Schutz dienen.

Kleidervorschriften sind zwar im Koran und in der Sunna festgehalten, beruhen aber in der Ausgestaltung zum grössten Teil auf gesellschaftlichen und regionalen Traditionen.

Im Spitalalltag ist es für Muslimas oft schwierig, sich zu entblössen. Daher ist es für Muslimas sehr wichtig, dass Pflegende sehr behutsam mit ihrer Intimsphäre umgehen. Es kann auch vorkommen, dass sich Muslimas zum Schlafen nicht ausziehen, um sich vor fremden Blicken zu schützen. In vielen islamischen Ländern ist es üblich, dass die Frauen in der Öffentlichkeit ein Kopftuch tragen. Dies wird jedoch je nach Gläubigkeit und persönlicher Auffassung sehr unterschiedlich gehandhabt. Es reicht vom Kopftuch über den Schleier bis zum Tschador. In der Schweiz verhüllt sich die Mehrzahl der Frauen nicht. In der Regel sollte es für eine Muslima möglich sein, ihr Kopftuch auch während des Spitalaufenthaltes zu tragen. Für Transporte innerhalb des Spitals ist es für sie besonders wichtig, dass sie sich diesbezüglich nicht entblössen muss. Es sollte deshalb auch darauf geachtet werden, dass sie ihr Kopftuch für den Transport z.B. in den Operationssaal und auf Wunsch auch während einer Operation tragen kann.

Für Männer gilt die Regel, sich mindestens vom Bauchnabel bis zum Knie zu bedecken.

Im Spitalalltag oder auch nachher kann es für gläubige Muslimas in der Therapie Probleme geben. Sei es, weil die Physiotherapie von einem Mann ausgeführt wird, oder weil sie in einer gemischtgeschlechtlichen Gruppe sein sollte. Besondere Probleme gibt es bei einer Wassertherapie, weil eine Frau sich bis auf ein Badkleid entblössen muss und die Therapie eventuell sogar mit Männern zusammen sein sollte. Sofern es erlaubt ist, könnte vielleicht ein Ganzkörperbadeanzug («Burkini») eine Erleichterung bringen. Ausser Füssen, Händen und dem Gesicht wird der ganze Körper der Trägerin bedeckt. Es gibt verschiedene Ausführungen.

Speisevorschriften

Die Bemühung um rituelle Reinheit durchzieht das Leben aller gläubigen Muslime. So gilt nach einem Wort des Propheten Mohammed Reinheit als der halbe Glaube. Muslime unterscheiden zwischen halal (rein, erlaubt, statthaft) und haram (verboten, verwehrt).

Alles, was nicht verboten ist, gilt grundsätzlich als halal, auch wenn es unerwünscht oder unpassend ist. Haram ist Alkohol, Schweinefleisch und alles Fleisch, das nicht im Namen Gottes geschlachtet wurde. Fleisch aus einer jüdischen Metzgerei ist für Juden koscher, für Muslime halal. Das Schlachttier muss nach islamischem Ritus geschlachtet sein. Das Schächten, die jüdische Art des Schlachtens, ist die gleiche. Hierbei wird das unbetäubte Tier mit einem gezielten Schnitt, durch den die Halsschlagader, die Luft- und die Speiseröhre durchtrennt wird, getötet. Danach muss das Fleisch vollkommen ausbluten. Das Schächten von unbetäubten Tieren ist in Deutschland und in der Schweiz nach dem Tierschutzgesetz verboten.

Der Verdacht, Fleisch, Fett und Knochen von Schweinen oder Alkohol könne bei Speisen verwendet worden sein oder ein Muslimen zum Verzehr erlaubtes Tier sei nicht rituell geschlachtet worden, kann zu einer grundsätzlich ablehnenden Haltung gegenüber der Verpflegung führen.

Die Einhaltung islamischer Speiseregeln ist individuell und reicht von strengster Befolgung bis Nichtbeachtung. Deshalb muss dies mit islamischen Patientinnen und Patienten besprochen werden. In einzelnen Spitälern gibt es die Möglichkeit, Halal- oder Koscher-Essen zu beziehen. Viele Muslimas und Muslime essen im Spital vegetarisch, als Minimum verzichten die meisten aber auf Schweinefleisch. Wenn es nicht gegen die ärztlich verordnete Diät verstösst, wäre es hilfreich, wenn die Angehörigen der Patientin oder dem Patienten das Essen bringen könnten. Aufgrund der islamischen Speisevorschriften sollte auf alkoholhaltige Medikamente verzichtet werden, wenn Alternativen zur Verfügung stehen. Selbstverständlich gilt aber auch hier das Rechtsprinzip, dass die Notlage Verbotenes erlaubt.

Ramadan

Das Fasten im islamischen Monat Ramadan ist für alle, die gesund sind und über die nötige Einsicht verfügen, obligatorisch. Wenn die Dämmerung anbricht, beginnt der Fastentag. Er endet mit dem Sonnenuntergang. Auf alles, was dem Körper zugeführt wird, muss verzichtet werden: Speisen, Getränke, Rauchen. Nach Sonnenuntergang wird gemeinsam das Fasten gebrochen und gemeinsam gegessen. Vor Fastenbeginn wird aufgestanden und nochmals gegessen.

Im Fastenmonat Ramadan fallen für eine menstruierende Frau die Fastentage aus. Das heisst, sie darf das Fasten nicht halten und muss die versäumten Tage später nachholen. Die versäumten Gebete sind ihr erlassen. Nach der Menstruation reinigt sich die Frau durch die grosse Reinigung.

Es besteht zum Teil auch die Auffassung, dass keine Medikamente und Infusionen zu sich genommen werden sollen. In solchen Situationen ist es unumgänglich, die Patientinnen und Patienten über die gesundheitlichen

Konsequenzen zu informieren. Es sollte in diesem Fall jedoch ein Verzichtschein erstellt werden, welcher von der Patientin oder dem Patienten unterschrieben werden muss.

Ein Diabetiker darf im Ramadan nicht fasten, da er sich sonst ernsten gesundheitlichen Schaden zufügt, was nicht dem Islam entspricht. Man sollte sich vor Augen halten, dass Gott das Fasten in solchen Fällen nicht vorschreibt, es sogar verbietet, wenn die Gesundheit des Muslims ernsthaft gefährdet ist. Während es den akut Kranken möglich ist, das Fasten zu einem späteren Zeitpunkt nachzuholen, hat ein chronisch Kranker (zum Beispiel Diabetiker) diese Möglichkeit nicht. Ihm bleibt nur noch die vom Islam vorgeschriebene Möglichkeit, täglich einen Armen zu speisen, wenn er finanziell dazu in der Lage ist.

Geschlechterbeziehung

Im Islam gibt es traditionell eine Trennung in eine Männerwelt und eine Frauenwelt. Im Koran gelten Frau und Mann gegenüber Gott gleichwertig. Frau und Mann werden aber nicht als gleich beschrieben. Beide haben ihre rollenspezifischen Aufgaben, Rechte und Pflichten. Der Mann ist das Oberhaupt der Familie. Er ist für den Schutz der Familie und für die Beschaffung der materiellen Güter verantwortlich. Die Aufgabe der Frau ist es, die Kinder zu erziehen. Sie ist ihrem Ehemann zu Gehorsam verpflichtet.

Der Körperkontakt zu fremden Menschen des anderen Geschlechts wird so gut wie möglich vermieden. Daher wird zur Begrüssung oft auf den bei uns üblichen Händedruck verzichtet.

Muslimische Frauen, die allein zum Arzt oder in die Klinik gekommen sind, sollten vor medizinischen Untersuchungen, besonders im Hinblick auf gynäkologische Untersuchungen, gefragt werden, ob sie sich ihnen sofort oder lieber später im Beisein einer Vertrauensperson ihrer Wahl (zum Beispiel Ehemann, Mutter, Schwester, Freundin) unterziehen möchten. Ausserdem sollten sie gefragt werden, ob sie die Hinzuziehung ihres Ehemannes zum Gespräch mit dem Arzt wünschen. Gut ist es, wenn Frauen besonders in diesem Bereich von Frauen behandelt werden. Grundsätzlich wünscht die Mehrheit der Frauen von Frauen und Männer von Männern betreut zu werden.

Geburt und Beschneidung

Nach der Geburt soll dem Kind als erstes der Gebetruf ins rechte und das Glaubensbekenntnis ins linke Ohr geflüstert werden.

Die Beschneidung der Jungen findet frühestens am 4. Tag nach der Geburt und spätestens bis zum 7. Lebensjahr statt.

Die Genitalverstümmelung der Mädchen – meist beschönigend «Beschneidung» genannt – ist in vielen afrikanischen Ländern üblich. Sie ist jedoch nicht eine islamische, sondern eine soziokulturelle Tradition! In den meisten europäischen Ländern wird sie als schwere Körperverletzung von Gesetzes wegen verfolgt.

Haltung gegenüber der modernen Medizin

Der Islam ist gegenüber der Wissenschaft positiv eingestellt. Bluttransfusion und Organspende sind erlaubt. Organspenderinnen und -spender müssen jedoch freiwillig zugestimmt haben, und es darf mit dem Organ kein Handel betrieben worden sein. Grundsätzlich sind Implantate aus menschlichem, tierischem und technischem Material erlaubt. Die Transplantation einer Bioprothese vom Schwein (zum Beispiel einer Herzklappe) kann von Muslimas und Muslimen jedoch oft nicht akzeptiert werden.

Empfängnisverhütung ist bei Einwilligung beider Partner erlaubt, wenn sie zur Wahrung der Gesundheit der Frau oder aus wirtschaftlicher Not praktiziert wird.

Da im Mittelpunkt der Ehe die Fortpflanzung steht, ist die künstliche Befruchtung erlaubt. Fremdbefruchtung wird jedoch abgelehnt.

Der Schwangerschaftsabbruch wird grundsätzlich abgelehnt, ausser das Leben der Mutter sei in Gefahr.

Sterben und Tod

Wenn ein Muslim im Sterben liegt, sollte man die Angehörigen kommen lassen, damit sie mit ihm Bittgebete sprechen können und ihn das Glaubensbekenntnis sagen lassen; ist er oder sie bewusstlos, kann der Glaubensbruder oder die Glaubensschwester das Glaubensbekenntnis auch ins Ohr flüstern.[4] Wenn der Tod unmittelbar bevorsteht, soll der Sterbende nach Möglichkeit so gelegt werden, dass sein Gesicht nach Mekka schaut. Die Anwesenden sprechen das Glaubensbekenntnis, auch in der Hoffnung, dass es der Sterbende noch mitbeten kann und er mit diesen Worten - „Ich bezeuge, dass es keinen Gott gibt ausser Allah" - sein Leben beendet.

Aktive Sterbehilfe wird abgelehnt, weil es nicht an den Menschen liegt, über Leben und Tod zu bestimmen. Gott hat den Menschen erschaffen und bestimmt den Todeszeitpunkt. Hingegen ist passive Sterbehilfe je nach Definition und Situation statthaft.

Patientenverfügung

Eine eigentliche Patientenverfügung ist im Islam noch weitgehend unbekannt, obwohl nach dem islamischen Glauben die eigenverantwortliche Entscheidung des Betroffenen in allen Lebensbereichen – auch in medizinischen Behandlungen – von grosser Bedeutung ist und die Anwendung einer Patientenverfügung mit dem islamischen Menschenbild auch vereinbar ist. Deshalb ist es durchaus angezeigt, mit den Patientinnen und Patienten oder deren Angehörigen frühzeitig das diesbezügliche Gespräch zu suchen.

Auch wenn jeder Muslim im Jenseits gegenüber Allah Rechenschaft über seine Entscheidungen und Taten ablegen muss, wird in schwierigen Lebenslagen die Familie mit einbezogen, weil auch der Zusammenhalt der Familie im Islam eine grosse Rolle spielt. Dies scheint aber nicht der einzige Grund zu sein. Insbesondere ältere Muslime haben oftmals sehr wenig Wissen über medizinische Praxen. Als Unterstützung werden die Kinder zu Rat gezogen.

Weil für Muslime bei der Entscheidungsfindung die islamische Rechtslage von grosser Bedeutung ist, sind bei der Anwendung einer Patientenverfügung für muslimische Patienten sowohl medizinische als auch theologische Komponenten sehr wichtig. Deswegen ist in diesen Bereichen eine umfangreiche Aufklärung unumgänglich.

Suizid und Sterbehilfe

Sterbehilfe (Euthanasie) ist im Islam nicht erlaubt. Der Islam betrachtet menschliches Leben als heilig und es muss soweit wie möglich geschützt werden. Suizid wird im Islam strikt abgelehnt. So heisst es im Koran:
«Und tötet euch nicht selber. Siehe, Allah ist barmherzig gegen euch.» (4,30)

Autopsie

Es gibt Spitäler, in denen jeder, der dort stirbt, obduziert wird, falls nicht ausdrücklich die Obduktion vom Patienten selbst oder den Angehörigen abgelehnt wurde oder wird. Um sicher zu sein, empfiehlt Dr. Majida Tufail, eine schriftliche «Ablehnung» auf sich zu tragen. Auch sollte man die Angehörigen darauf aufmerksam machen.[5]

Falls aus medizinischen oder rechtlichen Gründen eine Autopsie nötig ist, spricht aus islamischer Sicht nichts dagegen. Die Leiche sollte aber so behandelt werden, wie wenn der Mensch noch leben würde. Kein Knochen sollte gebrochen werden. So sollte bei der Autopsie der Respekt vor der Schöpfung Gottes gezeigt werden. Nach Möglichkeit wird der ganze Körper bestattet.

Sofortmassnahmen bei Eintritt des Todes

Nur die Erdbestattung auf einem eigenen islamischen Friedhof oder Grabfeld ist erlaubt. Der Tote sollte unmittelbar nach dem Tod rituell gewaschen werden. Das Grab muss so ausgerichtet sein, dass der Tote im Grab auf seiner rechten Seite liegt und sein Gesicht nach Mekka zeigt.

Repatriierung

Noch immer ziehen die meisten Muslime eine Bestattung in der alten Heimat vor. Die Verbindung mit dem Ursprungsland dürfte immer noch der Hauptgrund dafür sein, dass nicht in der neuen Heimat von den immer zahlreicheren Möglichkeiten zur Bestattung auf einem islamischen Grabfeld Gebrauch gemacht wird. Schätzungen gehen davon aus, dass mindestens 75% der Muslime nicht hier bestattet werden.

Der wichtigste Grund für den Wunsch der Bestattung in

der alten Heimat ist religiöser Natur. Grosseltern und andere Verwandte sind dort bestattet. Der regelmässige Grabbesuch und das Beten am Grab ist ein fester Bestandteil islamischer Kultur. Der Azan, der Ruf zum Gebet, ist dort auch zu hören.

Es gibt mehrere Hilfskassen für den Leichentransport. Sie funktionieren auf dem Solidaritätsprinzip von Versicherungen. Das heisst, wer einen bestimmten Jahresbeitrag bezahlt, hat das Recht, dass im Todesfall der Transport auf Kosten der Hilfskasse ausgeführt wird.

Grabfeld

Für Muslime ist es wichtig, dass die Bestattung auf einem separaten Grabfeld stattfindet. Darunter wird ein ausgewiesener separater Teil eines bereits angelegten Friedhofs verstanden. Benötigt werden ausschliesslich Reihengräber für Erdbestattungen mit den hier üblichen Ruhefristen. Anonymgräber und Gemeinschaftsgrabstätten sind bei Muslimen unüblich. Die Masse der Einzelgräber entsprechen den hier üblichen Bestimmungen. Im Idealfall werden die Verstorbenen nur in Leichentücher eingewickelt und ohne Sarg in einer speziellen Grabnische auf die rechte Seite gelegt. Da in der Schweiz die Bestattung nur mit Sarg erlaubt ist und die Gräber maschinell ausgehoben werden, ist das aber nicht möglich. Hingegen wird die Ausrichtung der Gräber eingehalten, das heisst, das Gesicht liegt in Richtung Mekka (in der Schweiz und in Deutschland ungefähr Richtung Süd-Osten).

Prinzipiell sollen die Gräber möglichst schlicht und unauffällig und dem Zweck entsprechend gestaltet werden, ohne kostspielige und aufwendige Bebauung, Bepflanzung oder Dekoration. Oberirdische Beisetzungsstätten (Hallen, Mausoleen und Grabmale) sind für Muslime nicht erwünscht; ebenso unterirdische Grüfte. Eine Bebauung mit Grabkapellen, Grabanlagen, Einfassungen und sonstige bauliche Anlagen auf dem Grab sind unerwünscht. Zur optischen Markierung des Grabes werden im Idealfall schlichte liegende oder stehende Grabmale und Grabplatten verwendet. Allerdings sind in der Praxis grosse Unterschiede festzustellen. Sie reichen vom Grab mit einer blossen Umrandung, ohne Grabstein, nur mit der Grabnummer bis zu Marmorgrabstelen mit üppiger Bepflanzung.

Theoretisch gilt im Islam die ewige Grabesruhe, in der Praxis richten sich die Ruhefristen nach der Verwesungsdauer der Leichen und entsprechen den hier üblichen Bestimmungen. Sie sind abhängig von den örtlichen Klimaverhältnissen, der Bodenbeschaffenheit und den Grundwasserverhältnissen. In der Regel dürften dies etwa 20 – 25 Jahre sein. Eine Neubelegung des Grabes kann erfolgen, nachdem die vollständige Verwesung stattgefunden hat. Vor einer Neubelegung müssen eventuell noch vorhandene Leichenreste im selben Grab unterhalb der Grabsohle tiefergelegt werden.

Eine Unterteilung des Grabfeldes nach verschiedenen islamischen Richtungen und Nationalitäten oder nach Geschlechtern ist nicht erforderlich. Aus Platzgründen ist es hingegen sinnvoll, getrennte Grabstätten für Kinder und Erwachsene auszuweisen.

Wie wird die Leiche hergerichtet?

Alles, was mit dem Leichnam gemacht wird, soll von gleichgeschlechtlichen Muslimen gemacht werden, aber der Ehemann darf bei seiner Frau, die Frau bei ihrem Ehemann diese Dienste versehen. Eigentlich sollten Familienangehörige diese Aufgabe übernehmen, aber oft

übernehmen dies geschulte Freiwillige, oder sie unterstützen die Angehörigen.
Die rituellen Waschungen werden auf dem Friedhof in einem speziellen Waschraum durchgeführt. Ausnahmsweise geschieht es auch im Spital. In Genf in der grossen Moschee gibt es einen Waschraum und gekühlte Nischen für die Leichen. Bis jetzt ist dies in der Schweiz die einzige so ausgerüstete Moschee.
Dem Verstorbenen werden die Augen geschlossen, der Unterkiefer hochgebunden und auf den Bauch ein Gegenstand gelegt, um zu verhindern, dass er sich aufbläht.
Dann wird Ghusl, die grosse Waschung, durchgeführt. Dazu wird der Leichnam mit einem weissen Tuch zugedeckt und darunter entkleidet. Erst werden die Hände gewaschen, dann die Geschlechtsorgane, dann wieder die Hände, der Mund, die Nase, die Arme, das Gesicht, der Kopf, die Ohren, der Nacken, dann der ganze Körper und zuletzt die Füße, so dass keine Stelle trocken bleibt. Man beginnt immer mit der rechten Seite und wäscht jeden Körperteil drei, fünf oder siebenmal und, falls nötig, noch häufiger. Meistens wird der Leichnam leicht parfümiert (Nase, Stirn, Arme, Knie, Füsse). Frauen werden in fünf, Männer in drei weisse Leichentücher eingewickelt.
Die Waschung wird grundsätzlich auch für eine Frühgeburt gemacht. Ist der Fötus aber tot geboren, wird er nicht gewaschen, erhält aber einen Namen.
Richtigerweise müsste allein in diesen Leichentüchern bestattet werden. Weil dies in der Schweiz bis jetzt verboten ist, wird ein einfacher Sarg benützt.

Trauerfeier

Eine Trauerfeier im üblichen Sinne findet oft nicht statt. Vor der Bestattung wird ein spezielles Totengebet verrich-

tet. Die Durchführung dieses Gebetes bedarf keiner speziellen Umgebung oder Ausgestaltung des Ortes. Das Gebet kann am Grab oder in einer Trauerhalle erfolgen, wenn diese keine islamisch unüblichen Symbole enthält (zum Beispiel Kreuz oder Bild). Die Verrichtung des rituellen Totengebets nach festgelegten rituellen Bestimmungen ist eine religiöse Pflicht. Das Totengebet wird im Stehen vor der aufgebahrten Leiche verrichtet.
Ob Frauen bei der Bestattung dabei sind, ist regional verschieden und im Wandel begriffen. Auf jeden Fall stehen sie beim Gebet hinter den Männern.
Nichtmuslimische Freunde und Bekannte dürfen dem Totengebet beiwohnen. Sie stellen sich auch hinter den Betenden auf.

Beileidsbezeugungen

In den «Bestattungsregeln im Islam» wird zu den Beileidsbezeugungen empfohlen:
«In Übereinstimmung mit der Sunna des Propheten wird das Beileid den Leidtragenden bis drei Tage und drei Nächte ausgesprochen. Die dazu gehörende Formel ist: „Gott erhöhe Eure Belohnung, versichere Euch seines Trostes und verleihe die Vergebung Eurem Verstorbenen". Die Erwiderung dieser Formel lautet: „Gott erhöre Eure Gebete und schenke uns und Euch seine Gnade".»[6]
In der Praxis ist es aber nicht viel anders, als bei nichtmuslimischen Beileidsbezeugungen. Das heisst, Bekannte den Hinterbliebenen sprechen ihr Beileid aus. Das gilt auch für Nichtmuslime. Sie dürfen auch eine Beileidskarte senden, sofern sie nicht christliche Motive wie zum Beispiel ein Kreuz oder einen Bibelspruch enthält.

Trauerbräuche

«Man soll den Gräberbesuch ruhig und gefasst vollziehen. Es war dem Propheten zutiefst verhasst, laut zu heulen und zu jaulen oder seine Kleider aus Trauer zu zerreißen. Die Trauer über einen Toten sollte drei Tage andauern. Man soll sagen: «Von Allah kommen wir und zu Ihm ist die Rückkehr».»[7]

Der Brauch, während 40 Tagen den Koran zu rezitieren und diese erweiterte Trauerzeit mit einer Feier abzuschliessen, ist umstritten.

Die Pflege der Gräber wird wie üblich von den Angehörigen übernommen. Sie kann jedoch auch den hier ansässigen Friedhofsgärtnereien übertragen werden. Eine übertrieben kostspielige Bepflanzung und Ausgestaltung der Grabstätten ist unerwünscht.

Der Grabbesuch ist ein wichtiger Teil islamischen Lebens. Bei drei Gelegenheiten sollten die Gräber besucht werden: Todestag, Ramadanfest und Opferfest. Beim Grab wird gebetet und den Toten aus dem Koran vorgelesen. Manche besuchen jeden Freitag die Gräber. Wer an einem Friedhof vorbei kommt, betet die Fatiha (erste Sure des Korans), auch wenn er oder sie auf diesem Friedhof niemanden kennt.[8]

Literatur

Guindi Mahmoud El / Mansour Mohamed: Bestattungsregeln im Islam. Kairo. o.J.

Thomas Lemmen; Melanie Miehl: Islamisches Alltagsleben in Deutschland. Gesprächskreis Migration und Integration. Bonn, 2001. Kapitel 3.8 Islamische Bestattungen in Deutschland. S. 39 – 41.

Kontakte

Basel: www.moscheebasel.inforel.ch Zürich: www.vioz.ch Schweiz: www.islam.ch (Moscheen und Vereine)

IN KÜRZE
ISLAM

Care Team und Notfallseelsorge

Kleidung: Mehrheit trägt keine spezielle Kleidung. Manche Frau trägt ein Kopftuch. Nur sehr wenige Männer tragen lange Bärte und Kleidung, die sie als Strenggläubige zu erkennen gibt. Manche Männer tragen ein Käppchen (Bild 103).

Symbole: Kalligraphien aus dem Koran (Bild 19 + 308), «Allah» (Bild 17), «Mohammed» (Bild 18), in der Form von Schlüsselanhängern, Klebern oder Stoffbildern. Tesbih (Gebetskette, Bild 311). Anhänger um den Hals mit Versen aus dem Koran (Bild 309).

Was tun mit Sterbenden? Muslime anfragen; es braucht keinen Imam.

Begleitung der Familie? Durch andere Muslime.

Rituale: Muslime anfragen; es braucht keinen Imam.

Triage: Leichnam an einen Ort bringen, wo die rituelle Waschung möglich ist.

Suizid: Gleich wie bei einer natürlichen Todesursache oder einem Unfall.

Krankenpflege und Spitalseelsorge

Ernährung: Halal-Ernährung. Eventuell vegetarisches Essen. Im Ramadan spezielle Regeln.

Kleidung: Frauen möchten ganz bekleidet sein, viele zusätzlich Kopf bedeckt.

Geschlechterbeziehung: Trennung in eine Männerwelt und eine Frauenwelt. Frauen pflegen Frauen, Männer pflegen Männer.

Rituale: Fünf tägliche Gebete. Wenn möglich Raum anbieten.

Tabus: Keine Körperkontakte mit Andersgeschlechtlichen.

Todesfall: Muslime anfragen; es braucht keinen Imam.

Religiöse Betreuung: Familienangehörige oder andere Muslime; eventuell Imam.

JUDENTUM

Grundlagen

Zum Judentum, welches über die ganze Welt verbreitet ist, bekennen sich ca. 13.5 Millionen Menschen. In Israel selbst leben ca. 5 Millionen und in der Schweiz ca. 20'000 Jüdinnen und Juden.

Das Judentum versteht sich als Gemeinschaft der Nachkommen der biblischen Patriarchen Abraham, Isaak und Jakob. Grundlage des Glaubens ist der Bund Gottes mit Moses, der die göttlichen Gesetze mit den wichtigsten Lehren des Judentums erhielt. Sie sind in der Tora (Fünf Bücher Mose) festgehalten. Wichtige Faktoren des jüdischen Lebens sind die Beschneidung der Knaben (hebr.: Brit Mila), die Heiligung des Schabbat (oder Sabbat, Schabbos, Schabbes) und der Feiertage sowie die Speisegebote. Die zahlreichen Feste gestalten das Jahr.

Der Begriff Judentum ist nicht nur die Bezeichnung für eine Religion, sondern umfasst das Volk Israel mit seiner Geschichte, seiner Kultur und seinen Wertvorstellungen. Juden erwarten das Kommen des Messias.

Christen und Juden haben vieles gemeinsam, so auch den Teil der Bibel, der von den Christen das «Alte Testament» genannt wird. Für Juden gehören neben der Tora (Fünf Bücher Mose), die Prophetischen Bücher, die Poesie (Psalmen, das Hohelied, die Klagelieder Jeremias), die Bücher der Weisheit und die sogenannten übrigen Schriften zu den wichtigen religiösen Texten.

Juden streben danach, die Halacha, die Religionsgesetze, zu erfüllen. Halacha (hebr. «Wegrichtung») ist der jüdische Weg. Das Wort Halacha bezieht sich auf die rechtlichen Aspekte des Judentums – sowohl auf den Bereich der Ethik als auch auf den der Bräuche. Sie bestimmt die

Art und Weise des Lebens. Im Judentum vereinen sich Wort und Tat. Obwohl die Zehn Gebote eine zentrale Stellung einnehmen, ist damit nach der jüdischen Auslegung die göttliche Gesetzgebung nicht abgeschlossen.
Insgesamt gibt es 613 Mitzwot, das heisst, Gebote und Verbote. Wir finden in der Tora 365 Verbote – sie entsprechen den Tagen eines Sonnenjahres – sowie 248 Gebote entsprechend der Anzahl der Körperteile eines Menschen.
Nach dem jüdischen Verständnis gelten all jene als Juden oder Jüdinnen, die von einer jüdischen Mutter geboren wurden, unabhängig davon, ob und in welcher Form der jüdische Glaube vom Einzelnen gelebt wird.
Die Mehrheit der organisierten Jüdinnen und Juden sind Mitglied in einer Gemeinde. In der Schweiz sind 17 der Einheits- und Orthodoxen Gemeinden beim «Schweizerischen Israelitischen Gemeindebund SIG» mit insgesamt 14'000 Mitgliedern angeschlossen.
Innerhalb dieser Gemeinden herrscht eine grosse Spannweite. Um als jüdisch anerkannt zu sein oder zu werden, genügt der Nachweis, von einer jüdischen Mutter geboren worden oder rechtsgültig übergetreten zu sein.
Das Ereignis am Sinai, als Moses die Gesetze erhielt, ist für das ganze Judentum zentral. Der wesentliche Unterschied zwischen orthodoxem Judentum und den nichtorthodoxen Strömungen ist das Verständnis der Offenbarung am Berg Sinai, wobei die Orthodoxie die Tora als von Gott gegeben betrachtet und festhält, dass diese nur zusammen mit der gleichzeitig gegebenen "mündlichen" Weisung zu verstehen ist.
Das liberale Judentum versteht die Offenbarung als einen fortdauernden Prozess des Dialoges Gottes mit seinem Volk, in der Zeit und in den Kulturen. Im Kontext dieser

historisch-kritischen Auslegung der Offenbarung entstanden alle nicht-orthodoxen Strömungen des Judentums. Vor allem die Stellung der Frau ist liberalen Gemeinden ein grosses Anliegen. Frauen sind in liberalen Gemeinden mit den Männern gleichberechtigt. In der Schweiz sind die beiden liberalen Gemeinden in Zürich und Genf in der «Plattform der Liberalen Juden der Schweiz PLJS» zusammengeschlossen. Daneben gibt es mehrere liberale Gruppen, die noch nicht den Status von Gemeinden haben.

Glaubenspraxis

Die Glaubenspraxis im Judentum beschränkt sich nicht aufs Gebet, sondern ist vielmehr eine Einheit von Geboten des Tuns, Geboten des Nichttuns und rituellen Handlungen, die im täglichen Leben eine Rolle spielen. Im Abschnitt «Pflegerelevante Themen» werden einzelne Bereiche erläutert, mit welchen das Pflegepersonal in Spitälern und in Alters- und Pflegeheimen konfrontiert werden könnte.

Im Judentum besteht die Überzeugung, dass jeder Mensch eine direkte Verbindung zu Gott hat. Es ist also nicht nötig, einen Geistlichen beizuziehen, um mit Gott in Kontakt zu kommen.

Schabbat

Der Schabbat ist für jüdische Menschen der Höhepunkt der Woche. Er beginnt am Freitag vor Sonnenuntergang und endet am Samstag nach Anbruch der Dunkelheit. In der Schöpfungsgeschichte hat sich Gott am 7. Tag ausgeruht. Als «Zeichen des Bundes» tun dies Jüdinnen und Juden auch und arbeiten am Schabbat nicht. Orthodoxe jüdische Menschen halten sich sehr streng an diese Gebo-

te. Grundsätzlich kann gesagt werden, dass am Schabbat in der Umwelt nichts verändert werden soll. Es darf zum Beispiel kein Feuer gemacht werden. Da Elektrizität auch als eine Art Feuer definiert wird, bedeutet dies, dass zum Beispiel kein Licht gemacht oder nicht gekocht werden darf. Orthodoxe Jüdinnen und Juden bereiten sich dementsprechend auf den Schabbat vor und haben Timer und spezielle Schaltuhren installiert. Diese können vor dem Schabbat so programmiert werden, dass zum Beispiel die Heizung oder das Licht zur rechten Zeit ein- und ausgeschaltet wird.
Am Freitag vor Beginn des Schabbat entzündet die Hausfrau zwei Schabbatkerzen. Dann folgt der Kiddusch, die Segnung der Schabbat-Nacht, der vom Hausvater über einem Becher Wein gesungen wird. Der Segnende trinkt vom Wein und reicht den Becher weiter. Alle trinken daraus.

Jenseitsvorstellungen

Juden glauben an eine Wiederauferstehung der Toten. Dies findet seinen Ausdruck in den täglichen Gebeten: «Du bist mächtig in Ewigkeit, Herr, belebst die Toten, du bist stark zum Helfen.»
Auf dem Friedhof liegen die Toten mit den Füssen gegen Jerusalem, damit sie bei der Auferstehung am Jüngsten Tag in dieser Richtung aus dem Grab steigen können.

Symbole und Kleidung

Es ist ein weitverbreitetes Vorurteil, dass Juden an der Kleidung erkannt werden können. Es gibt zwar orthodoxe jüdische Männer, die schwarze Kleidung, Schläfenlocken und Hut oder gar einen «Schtreimel» (Kopfbedeckung von chassidischen Juden mit Pelzbesatz) tragen, sie sind aber eine Minderheit.

Viele jüdische Männer tragen immer eine Kippa, also ein kleines Käppchen, das ursprünglich nur in der Synagoge und beim Gebet erforderlich war (Bild 102).
Orthodoxe jüdische Frauen tragen (wie viele strenggläubige christliche Frauen!) nie «Männerkleidung», das heisst Hosen, sondern nur Röcke. Verheiratete Frauen müssen ihre Haare stets bedecken. Manche tragen einen «Scheitel», also eine Perücke, viele ausserhalb des Hauses einen Hut oder eine Mütze.
Die meisten jüdischen Männer und Frauen sind aber nicht an der Kleidung zu erkennen. Praktizierende jüdische Männer und Knaben tragen unter der Kleidung einen Tallit Katan. Dies ist ein viereckiges Unterhemd mit «Schaufäden» (hebr.: Zizit) an den Ecken (Bild 101). Bei einer Minderheit der Juden sind die Zizit über den Hosen sichtbar.
Es gibt mehrere Symbole, die von jüdischen Frauen oder Männern getragen werden oder an Autos zu finden sind, so zum Beispiel der Davidsstern (Bild 7) in den verschiedensten Ausführungen, unter anderem als Schlüsselanhänger (Bild 305). In Autos finden wir angeklebte Reisegebete (Bild 307) oder Reisegebete in Form von Schlüsselanhängern. Schlüsselanhänger und Kleber zu Jerusalem können, aber müssen nicht, auf die Zugehörigkeit zur jüdischen Religion hinweisen. (Es gibt auch viele christliche Heilig-Land-Anhänger!).

Jüdische Alters- und Pflegeheime

Ein jüdisches Spital existiert in der Schweiz schon seit vielen Jahren nicht mehr, aber es gibt zur Zeit vier jüdische Alters- und Pflegeheime und den Holbeinhof in Basel. Dies ist bis jetzt das erste und einzige christlich-jüdische Alters- und Pflegeheim. Diese Heime sind für jüdische Seniorinnen und Senioren sehr wichtig, weil sie hier die Gemeinschaft mit anderen jüdischen Menschen pflegen und nach den speziellen halachischen Regeln leben können. Was das im Detail beinhaltet, wird auf den nächsten Seiten erläutert.

Pflegerelevante Themen

Gesundheit, Krankheit und Behinderung werden im Judentum als von Gott gegeben verstanden. Krankheit und Behinderung gelten als Herausforderung. Der Körper gilt als im Angesicht Gottes erschaffen und als Geschenk, welches gehegt und gepflegt werden soll. Die vielen Hygiene- und Speisevorschriften werden auch als Massnahmen zur Gesundheitserhaltung verstanden, aber es sind primär biblische Gebote. Das Leben gilt als unendlich wertvoll. Deshalb muss alles unternommen werden, um Leben zu erhalten. So sind bei schwerer Krankheit alle religiösen Vorschriften zweitrangig. Die Pflicht zur Lebenserhaltung steht an oberster Stelle.

Leiden und Schmerz wird von vielen jüdischen Menschen als Teil des Lebens akzeptiert. Daher kann es in sehr seltenen Fällen vorkommen, dass jüdische Patientinnen und Patienten auf Schmerzmedikamente verzichten wollen. Eventuell lehnen sie solche ab, weil sie befürchten, dass die Medikamente nicht koscher sind.

Der Krankenbesuch gilt als Liebesdienst und ist eine religiöse Pflicht. Dabei besteht die Vorschrift, die Kranken zu ermutigen. Das kann unter Umständen auch beinhalten, dass den Kranken nicht die volle Wahrheit über deren Gesundheitszustand anvertraut wird. Für Pflegende kann es schwierig sein, dies zu verstehen. Trotzdem ist es wichtig, dieses Verhalten nicht als Unehrlichkeit der Angehörigen zu verurteilen, sondern als Ausdruck der Ermutigung zu akzeptieren.

Körperpflege

Im Judentum wird Reinheit nicht nur als Sauberkeit verstanden, sondern hat auch eine rituelle Bedeutung. Vor dem Gebet und dem Essen werden jeweils die Hände mit Wasser übergossen, um rituell rein zu sein. Bettlägerige Patientinnen und Patienten werden dankbar sein, wenn ihnen dazu ein Krug Wasser und ein leeres Becken gereicht wird.

Die Mikwe ist ein rituelles Tauchbad, das der Wiedererlangung der religionsgesetzlich vorgeschriebenen rituellen Reinheit dient. Wenn möglich gehört eine Mikwe zu jeder Synagoge. Der Zweck der Mikwe ist nicht das Erlangen hygienischer, sondern allein der rituellen Reinheit. Als rituell unrein gilt nach jüdischer Tradition zum Beispiel Menstruationsblut oder das Berühren von Toten. Eine Frau gilt während und bis sieben Tage nach ihrer Menstruation als rituell unrein. Jede Frau muss nach der Menstruation sieben volle reine Tage abwarten und dann am Abend die Mikwe aufsuchen.

Das Wasser dieses Tauchbeckens muss reinstes lebendiges Wasser sein. Entweder wird dafür Grundwasser oder Regenwasser verwendet. Nach einer sehr gründlichen Körperreinigung in einem Waschraum soll die Frau dreimal mit dem ganzen Körper in der Mikwe untertauchen. Liberale Jüdinnen erachten diese rituelle Reinigung für unnötig.

Ansonsten hebt sich die tägliche Körperpflege nicht bedeutend von jener unserer Kultur ab.

Kleidung

Vielen jüdischen Männern und verheirateten Frauen ist es ein Bedürfnis, die Kopfbedeckung wenn immer möglich auch im Spital zu tragen, was berücksichtigt und akzeptiert werden sollte.

Speisevorschriften

Das Judentum kennt besondere Speisegesetze. Juden dürfen nur Speisen und Getränke zu sich nehmen, die koscher sind.

Trotz aller Bemühungen, die Kaschrut-Vorschriften logisch zu erklären, gehören sie immer noch zu den sogenannten Hörigkeitsgesetzen, an deren Befolgung man den gläubigen Juden erkennt: Gehorsam ohne Widerspruch gegen die Gesetze, die auf dem Berg Sinai gegeben wurden.

Die Grundsätze der koscheren Ernährung sind in der Bibel zu finden, die Ausführungsbestimmungen entwickelten sich im Lauf der Jahre und müssen in Folge der Weiterentwicklung der Lebensmittelindustrie laufend im Detail aktualisiert werden. Das heisst, die Gesetze bleiben gleich, aber jedes neue Produkt muss untersucht werden. Die Einhaltung der Speise- und Reinheitsvorschriften ist zentral im jüdischen Leben.

Milchiges und Fleischiges dürfen nicht zusammen gegessen werden. Dies geht auf den Bibelvers zurück, der besagt, dass das Zicklein nicht in der Milch seiner Mutter gekocht werden darf. Dies bezieht sich sowohl auf die Zubereitung als auch auf den Genuss der Speisen. Das bedeutet konkret, dass Speisen, welche Milchprodukte enthalten, nicht mit Fleisch in Kontakt kommen dürfen und umgekehrt. Dies gilt auch für das Geschirr, in welchem die Mahlzeiten zubereitet und angerichtet werden. Daher

ist es in vielen jüdischen Haushalten üblich, dass Pfannen, Geschirr und Besteck geteilt und entsprechend verwendet werden. Auch sollte nach dem Genuss von Milchprodukten nicht sofort wieder Fleisch gegessen werden. Ebenso soll nach dem Genuss von Fleisch mehrere Stunden gewartet werden, bis wieder Milch getrunken wird. Für die meisten Jüdinnen und Juden in der Schweiz, welche sich an die Speisevorschriften halten, gilt die Regel, je nach der Tradition eine Pause von 3 bis 6 Stunden zwischen Fleischigem und Milchigem einzuhalten.
Beim Fleisch gelten spezielle Vorschriften. Dies beginnt bei der Auswahl der Tiere und geht weiter bei der Schlachtart. Es gibt erlaubte und unerlaubte Tiere. Koscher sind Tiere, die gespaltene Hufe haben und Wiederkäuer sind: Kühe, Schafe, Ziegen, Rehwild. Nicht koscher sind zum Beispiel Schweine, Hasen, Eichhörnchen, Bären, Hunde, Katzen, Kamele und Pferde. Koschere Geflügelarten sind vor allem Hühner, Enten und Gänse. Damit die erlaubten Tiere koscher sind, müssen sie geschächtet, das heisst rituell durch einen einzigen Schnitt, der Halsschlagader, Luft- und Speiseröhre durchtrennt, geschlachtet werden. Anschliessend ist es Arbeit des Metzgers, dafür zu sorgen, dass das Fleisch durch ein spezielles Verfahren garantiert ohne Blut ist.
Es sind auch nicht alle Fische erlaubt. So gelten zum Beispiel Fische ohne Schuppen und Flossen, und Krustentiere nicht als koscher. Gemüse und Früchte werden als Parwe, neutral, betrachtet und somit dürfen sie zu Milchigem und zu Fleischigem genossen werden.
Nur schon diese knappe Darstellung zeigt, dass es für Spitäler und Pflegeheime beinahe unmöglich ist, diese Regelungen einzuhalten. Daher empfiehlt es sich, mit jüdischen Patientinnen und Patienten schon beim Spi-

taleintritt abzusprechen, wie sie sich während dem Spitalaufenthalt ernähren möchten. In Spitälern und Reha-Kliniken besteht meistens die Möglichkeit, koscheres Essen zu bestellen. In grösseren Städten (so zum Beispiel in Basel und Zürich) ist dies oft möglich. Es wird dann von einem jüdischen Restaurant geliefert und sollte jeweils ungeöffnet serviert werden. Falls die Möglichkeit zur Bestellung von koscherem Essen nicht besteht und sofern es vom Krankheitsbild erlaubt ist, kann vereinbart werden, dass sich die Patientin oder der Patient von zu Hause verköstigen lässt. In Ausnahmefällen wird rein vegetarisches Essen akzeptiert. Allerdings ist dabei zu beachten, dass Hart- und Halbhartkäse normalerweise abgelehnt wird.

In den jüdischen Pflegeheimen hat es zwei Küchen und drei verschiedene Sets von Geschirr, je eine für Fleischiges und eine für Milchiges und zudem eines für Pessach. Nach den Regeln der Kaschrut muss bei der Zubereitung von koscheren Gerichten ein Maschgiach, eine autorisierte Person, anwesend sein. Die Oberaufsicht hat der Rabbiner.

Es darf aber nicht vergessen werden, dass es auch viele Jüdinnen und Juden gibt, welche sich nicht so strikt an die Speisevorschriften halten.

Geschlechterbeziehung

Grundsätzlich kann gesagt werden, dass streng gläubige Jüdinnen und Juden den Kontakt, speziell den Körperkontakt, mit dem anderen Geschlecht vermeiden. Davon ausgenommen sind natürlich Ehepaare. Es ist daher auch nicht üblich, dass sich Frau und Mann zur Begrüssung die Hand geben. Daraus können leicht Missverständnisse entstehen. Es ist wichtig, dass Pflegende dies nicht als

Arroganz verstehen, sondern vielmehr als übliche Umgangsform akzeptieren. Jüdinnen und Juden verstehen dieses Verhalten als Respekt und Anstand dem anderen Geschlecht gegenüber. Deshalb ist es für sie von zentraler Bedeutung, dass sie, wenn irgendwie möglich, von Pflegenden des gleichen Geschlechts betreut werden.
Wie schon erwähnt, gilt die Frau während und 7 Tage nach ihrer Menstruation als unrein, und deshalb wird während dieser Zeit auch der Körperkontakt zwischen den Eheleuten vermieden.

Rituale

Orthodoxe und konservative Jüdinnen und Juden beten mehrmals täglich. Vor dem Gebet unterziehen sie sich einer Waschung. Dabei übergiessen sie die Hände mit Wasser. Es wird in der Synagoge (Ort der Versammlung) oder zu Hause gebetet. Männer beten am Morgen nach Sonnenaufgang, am Nachmittag und nach Sonnenuntergang. Die Gebete der Frauen sind nicht an eine Zeit gebunden. Vor und nach dem Essen wird ein Segen und vor dem Schlafen ein Gebet gesprochen. Die Gebete sind Hebräisch. Jüdische Männer bedecken sich mit dem Gebetsmantel und legen für das Morgengebet an den Wochentagen (nicht an Schabbat und den Feiertagen) die Tefillin (Gebetsriemen). Diese bestehen aus Lederriemen und zwei Lederbehältern, welche biblische Verse enthalten. Sie werden an die Stirn und den linken Arm (Linkshänder an den rechten Arm) gebunden und dienen als Erinnerung an das Göttliche.

Schabbatgebote

Orthodoxen Gläubigen ist es am Schabbat nicht erlaubt, Feuer zu machen. Weil Elektrizität eine Art Feuer ist, werden sie weder einen Lichtschalter und nur im äussersten Notfall die Rufanlage (Glocke) betätigen.

Es ist daher angebracht, dass Pflegende am Schabbat öfters bei ihnen vorbeikommen und ihnen allenfalls Licht machen. In Notsituationen ist es jedoch erlaubt, die Schabbatgebote zu brechen, da die Erhaltung des Lebens oberstes Gebot ist.

Der Schabbat ist ein sehr wichtiger Tag für das Familienleben. Daher ist auch der Krankenbesuch an diesem Tag von grosser Bedeutung. Wenn irgendwie möglich werden die Angehörigen zu Fuss kommen, da sie am Schabbat keine Verkehrsmittel benutzen sollen. Auch werden sie es zu vermeiden versuchen, durch eine Türe in ein Gebäude zu gelangen, deren Öffnung elektronisch gesteuert ist.

Jüdische Patientinnen sollten die zwei Schabbatkerzen entzünden. Dies ist in einem Spital nicht möglich, deshalb behelfen sich manche Frauen mit zwei Taschenlampen, die sie vor Schabbatbeginn entzünden.

Schabbat im jüdischen Alters- und Pflegeheim

Für Feiertage und am Schabbat gelten spezielle Regeln. So läuft alles, was funktionieren muss, über die zentrale, programmierte Schabbat-Schaltuhr. Weil am Schabbat nicht gekocht werden darf, wird alles vorgekocht, gekühlt und im vorgeheizten Ofen aufgewärmt. Der Lift läuft im Stil Paternoster, eine Stunde vor Schabbat bis ca. 22.00 Uhr und wieder ab ca. 6.00 Uhr bis Schabbatende. Die Körperpflege wird auf das Nötigste beschränkt, Männer werden nicht rasiert, Frauen erhalten keine Manicure. Weil kein Alarmknopf bedient werden darf, muss das Pflegepersonal vermehrt kontrollieren.

Frauen, die es wünschen, können im Saal unter Aufsicht

die Schabbatkerzen anzünden.
In den jüdischen Alters- und Pflegeheimen und im Holbeinhof in Basel gibt es je eine Haussynagoge, wo die Schabbat-Gottesdienste (und natürlich die Gottesdienste an den Feiertagen) gefeiert werden.

Feiertage

«Ausser dem Alltag mit seinem wöchentlich wiederkehrenden geistigen Höhepunkt - dem Sabbat - gibt es Festtage und bestimmte heilige Zeiten, die dem jüdischen Leben besondere Würze und zusätzliche Farbe verleihen. ... Die in der Tora „heilige Zeiten" genannten Festtage, an welchen man „kein Werk schaffen" darf, sind in Geist und Heiligkeit dem Sabbat ähnlich. Dazu kommen die für jedes Fest verschiedenen zusätzlichen Charakteristiken. Wenn auch die Zwischenfeiertage und die nach-biblischen Feste nicht die gleiche Art von Sabbatähnlicher Weihe haben, verleihen die besonderen Mitzwot, die jedes Fest auszeichnen, auch diesen Tagen etwas Unterschiedliches und „Spezielles" im Leben des Juden.»
Im Spitalalltag sind die hohen Feiertage kaum vom Schabbat zu unterscheiden; es gelten grundsätzlich die gleichen Regeln. In einem jüdischen Alters- und Pflegeheim hingegen gibt es diesbezügliche Unterschiede. In beiden ist aber zu beachten, dass an Pessach bezüglich des Essens verschärfte Regeln gelten. Pessach erinnert an den Auszug aus Ägypten. Das Volk Israel musste derart in Hast aufbrechen, dass keine Zeit blieb, das Brot zu säuern. Deshalb nahmen sie «ungesäuerte Brote» mit auf den Weg (2. Mose 12, 39). Im Nachvollzug und in Erinnerung an den Auszug darf am Pessachfest nicht nur nichts Gesäuertes gegessen werden, sondern es darf auch nichts Gesäuertes im Haus sein.

Während dies in einem Spital unmöglich einzuhalten ist, wird in einem jüdischen Alters- und Pflegeheim alles «Gesäuerte» (hebr.: Chomez) den Regeln entsprechend behandelt.

Haltung gegenüber der modernen Medizin

Die Pflicht der Lebenserhaltung steht im Judentum an erster Stelle. In diesem Sinne hat das Judentum eine sehr positive Einstellung zur modernen Medizin. Einige der renommiertesten amerikanischen Kliniken wurden von wohlhabenden Juden gegründet und finanziell unterstützt.

Aufgrund der Pflicht zur Lebenserhaltung ist es im Judentum undenkbar, eine Therapie abzubrechen. Einen schwerkranken Menschen nicht mehr zu ernähren oder ihm sogar keine Flüssigkeit mehr zuzuführen, widerspricht dem Verständnis der Erfüllung dieser Pflicht. Weiter besteht die Ansicht, dass auch bei sterbenden Menschen die Antibiotika nicht abgesetzt werden dürfen.

Um der Pflicht der Lebenserhaltung nachzukommen, dürfen andere Gebote verletzt werden. Dies heisst konkret, dass zum Beispiel die Schabbatgebote im Falle einer Lebensbedrohung nicht eingehalten werden müssen. Dies gilt jedoch nur für die Kranken. Ihre Angehörigen, die sie im Spital besuchen kommen, werden am Schabbat sehr wohl darauf bedacht sein, die Gebote einzuhalten.

Auch da gibt es sehr unterschiedliche Stufungen, wie konsequent dies praktiziert wird.

Familienplanung

Sexueller Verkehr ist nur den Ehepaaren erlaubt.
Der Geschlechtsverkehr dient im Judentum nicht lediglich der Kinderzeugung; die Freude daran ist wichtig für

die körperliche, aber insbesondere auch für die seelische Gesundheit. Es besteht sogar die Pflicht des Ehepartners, diesbezüglichen Bedürfnissen des Gatten nachzukommen. Die Empfängnisverhütung ist grundsätzlich verboten. Es gibt hierzu differenzierte Meinungen. Der gesundheitliche Aspekt der Frau ist dabei von grosser Bedeutung, und er wird stets berücksichtigt.

Zu den modernen Methoden der künstlichen Befruchtung hat das Judentum eine positive Meinung. Falls eine Schwangerschaft das Leben der Mutter, ihre physische oder psychische Gesundheit bedroht, ist ein Schwangerschaftsabbruch erlaubt. Mitunter wird auch ein Schwangerschaftsabbruch gutgeheissen, wenn ein Ungeborenes eine schwere Behinderung haben würde. Orthodoxe und traditionalistische Jüdinnen werden sich jedoch bei allen diesen Fragen eines Schwangerschaftsabbruches stets mit einem Rabbiner beraten wollen.

Organtransplantation und Bluttransfusion

Die Meinungen bezüglich Organtransplantation sind unterschiedlich. Die orthodoxe Lehre vertritt eher die Ansicht, dass der Tod akzeptiert werden müsse und der Leichnam nicht beschädigt werden dürfe. Eines der Hauptprinzipien des jüdischen Rechts ist die Erhaltung und Rettung von Leben. Dieser Maxime sind andere Normen gelegentlich untergeordnet. Die Organspende wird befürwortet, wenn sie zur Rettung, Erhaltung oder Verlängerung von Leben beiträgt, vorausgesetzt, das Leben des Spenders oder der Spenderin wird nicht verkürzt oder beeinträchtigt.

Die Transplantation einer Bioprothese vom Schwein (zum Beispiel Herzklappe) ist für jüdische Menschen unproblematisch, da sich die Unreinheit des Schweins nur aufs

Essen bezieht.
Bluttransfusionen sind im Judentum erlaubt.
Amputierte Gliedmassen werden von einem Mitglied der Chewra Kadischa (siehe unten) bestattet. Die organisatorischen Massnahmen müssen vor der Operation getroffen werden.

Chewra Kadischa – die heilige Gesellschaft

Die Aufgabe der Chewra Kadischa ist es, sich um die Sterbenden und die Verstorbenen zu kümmern. Sofern sie nicht schon beim Ableben dabei ist, wird sie sofort benachrichtigt. Dies kann auch an einem Schabbat oder Feiertag geschehen, indem die Nachricht in die Synagoge überbracht wird.
Die Chewra Kadischa sorgt für die Überführung zum Friedhof und die Waschung und ist für die Beerdigung zuständig.
Es gibt jeweils je eine Männer-Chewra und eine Frauen-Chewra. In Basel haben die beiden Gemeinden gemeinsam die Frauen- und Männer-Chewra, in Zürich hat jede Gemeinde je eine eigene Frauen- und Männer-Chewra.

Sterben und Tod

Jüdische Menschen verstehen das Sterben als Übergang vom Leben in dieser Welt in eine andere Welt. Sie glauben an die Auferstehung nach dem Tod und an die Unsterblichkeit der Seele.
Liegt ein jüdischer Mensch im Sterben, ist es wichtig, die Angehörigen, die Chewra Kadischa (Frauen bei Frauen, Männer bei Männern) und allenfalls einen Rabbiner zu rufen. Der Kontakt kann über die Gemeinde hergestellt werden.
Im Judentum besteht die Auffassung, dass Sterbende

nicht alleine gelassen werden sollen. Grundsatz: Es stirbt niemand allein!
Mit ihnen wird gegebenenfalls gebetet und das Sündenbekenntnis gesprochen. Im Judentum ist es von grosser Wichtigkeit, am Sterbenden keine pflegerischen Massnahmen vorzunehmen, wenn sie nicht unbedingt nötig sind. Es sollte aber alles getan werden, um die Schmerzen so erträglich wie möglich zu machen. Es muss jedoch darauf geachtet werden, dass das Eintreten des Todes in keiner Weise beschleunigt wird. Gespräche mit dem Sterbenden über seine Angst sind sehr wichtig und können hilfreich sein.
Manchmal wird auch die Auffassung vertreten, dass Sterbende überhaupt nicht berührt werden sollten. Eine Ausnahme bilden notwendige medizinische oder pflegerische Massnahmen. Aktive Sterbehilfe ist im Judentum grundsätzlich verboten.
Allerdings ist es gemäss jüdischem Gesetz erlaubt, dem Sterbenden narkotische Analgetika wie Morphium zu verabreichen, sogar wenn diese den Tod beschleunigen könnten, aber nie mit der Absicht, ihm das Leben zu verkürzen, sondern lediglich, um seine Schmerzen zu lindern. Bluttransfusionen, Sauerstoff, Antibiotika sowie künstliche Ernährung müssten bei einem unheilbar kranken Patienten bis zu dessen Tod weiter gegeben werden. Ob bei einem Herz- oder Atemstillstand eine Reanimation durchgeführt werden soll, hängt von den Umständen ab.
Auch wird es vermieden, bei Sterbenden laut zu trauern. Dadurch soll sich der Mensch in Ruhe von der hiesigen Welt lösen können. An manchen Orten ist es üblich, bei schwerkranken Menschen Kerzen anzuzünden, was aber in den Spitälern verboten ist.

Suizid wird im Judentum abgelehnt, weil nicht der Mensch über das Leben bestimmen darf.

Sofortmassnahmen bei Eintritt des Todes

Wenn jüdische Menschen in einem Spital oder einem Pflegeheim gestorben sind, muss sofort die zuständige jüdische Gemeinde und die Chewra Kadischa informiert werden. Die Pflegenden sollten Katheter, Infusionen etc. wegnehmen, die Augen schliessen, Hände und Füsse strecken. Die Kiefer werden mit einer Binde hochgebunden. Der ganze Leichnam und das Gesicht müssen mit einem Leintuch zugedeckt werden, um den Verstorbenen nicht durch Anstarren zu beschämen.
Beim Kopf soll die Nachttischlampe angezündet werden. Auf den Leichnam dürfen keine Blumen gelegt werden.
Falls Blut auf den Leintüchern ist, sollen diese und allfällige blutige Verbände der Chewra Kadischa mitgegeben werden; sie werden mitbestattet.
Für alles Weitere ist die Chewra Kadischa zuständig. Der Leichnam wird daheim oder in jüdischen Pflegeheimen auf einer Unterlage auf den Boden gelegt und mit einem Tuch zugedeckt. Das Bestattungsunternehmen bringt den Sarg. Dies ist eine einfache Holzkiste aus Tannenholz ohne jegliche Verzierungen. Der Leichnam wird in den Sarg gelegt.
Das Bestattungsunternehmen transportiert den Leichnam zum jüdischen Friedhof. Sein Dienst hört an der Türe zum Friedhofsgebäude auf. Der Sarg wird in den Waschraum, eventuell in den Kühlraum gebracht, wenn die rituelle Waschung nicht sofort ausgeführt wird.
Die Chewra legt den Leichnam im Waschraum auf den Waschtisch und verrichtet zuerst die physische, dann die rituelle Waschung, die Tahara. Männer sind für Männer,

Frauen für Frauen zuständig.
Vieles ist halachisch vorgeschrieben, anderes ist Ortsgebrauch. Grundsätzlich wird für die Tahara viel Wasser verwendet und es werden vorgeschriebene Gebete gesprochen. Der Körper wird nie entblösst. Die Nägel der Hände und Füsse werden sorgfältig gereinigt und die Haare gekämmt. Ausgefallene Haare werden in den Sarg gelegt, ebenso allenfalls blutige Verbände. Blutflecke im Leintuch werden ausgeschnitten und auch in den Sarg gelegt. Das heisst, alles, was zum Menschen gehört, soll bestattet werden.
Während der Tahara wird nur das gesprochen, was direkt zu dieser Tätigkeit gehört.
Der Leichnam wird mit dem Leichenhemd und verschiedenen anderen Teilen bekleidet. Auf die Augen wird ein wenig Erde aus Israel gestreut. Nun werden oft die Angehörigen gerufen, um die Socken anzuziehen, wenn sie möchten.
Es findet der einfachste Sarg aus ungehobeltem Tannenholz Verwendung. Dieser hat an der Stirnseite ein Luftloch, um den direkten Kontakt mit der Erde herzustellen. Im Sarg ist Holzwolle, darauf wird ein weisses Leintuch ausgelegt. Für Männer wird zusätzlich der Tallit (Gebetsmantel) so gelegt, dass der Verstorbene dann wie zum Gebet eingehüllt werden kann. In den Sarg wird ein Säckchen mit Erde aus Israel gelegt. Der Leichnam wird in den Sarg gelegt und dieser auf einem Rollwagen in den Kühlraum geschoben.
Im Raum daneben, der mit einem Fenster verbunden ist, wird im Idealfall bis zur Beerdigung ununterbrochen Totenwache gehalten. Im Kühlraum brennt ein Licht pro Leichnam.

Als Grundsatz gilt:
Tote nie allein lassen und mit äusserstem Respekt behandeln!

Autopsie

Die Autopsie wird grundsätzlich abgelehnt, weil der Körper entstellt und die Beerdigung hinausgezögert wird. Deshalb sollte sie nur bei rechtlich unklaren Verhältnissen (Drittverschulden) ausgeführt werden.

Bestattung

Im Judentum gibt es grundsätzlich nur die Erdbestattung auf einem jüdischen Friedhof, auf dem die ewige Grabesruhe gilt. Eine Kremation ist verboten. Es ist sehr verdienstvoll und wichtig, den Toten rasch zur ewigen Ruhe zu betten, möglichst noch am gleichen Tag. Ohne berechtigte Gründe wird die Beerdigung nicht unnötig verzögert. Manche Orthodoxe lassen sich nach Israel überführen, um dort bestattet zu werden.
Die Trauerfeier findet auf dem jüdischen Friedhof statt.
Den engsten Angehörigen wird an einem Kleidungsstück als Zeichen der Trauer ein Einriss (hebr.: Kriah) gemacht.
Die Familie betritt die Abdankungshalle und setzt sich in die ersten beiden Reihen. Der Sarg wird hereingebracht. Der Rabbiner spricht Gebete und die Abdankungsrede. Eventuell ergreifen weitere Personen das Wort.
Der Ortsgebrauch für das Begräbnis ist sehr verschieden.
Nichtjüdische Freunde und Bekannte dürfen bei der Bestattung teilnehmen. Diese müssen beachten, dass es bei einer jüdischen Beerdigung keinen Blumenschmuck gibt. Männer sollten die Kopfbedeckung nicht vergessen. Angemessene Kleidung ist erwünscht.

Kindsbestattung, Frühgeburten

Bei männlichen Frühgeburten wird die Brit Mila (Beschneidung) gemacht.

Die Bestattung von Frühgeburten und Kindern unter 30 Tagen findet grundsätzlich ohne die Eltern statt, ausser wenn sie unbedingt dabei sein wollen. Es gibt keine Abdankung, nur zwei Gebete. Das Grab ist nur mit einer Nummer versehen, kein Grabstein. Es gibt kein Schiwa-Sitzen (siehe unten) und keinen Kadisch.

Die Bestattung von Kindern über 30 Tagen ist gleich wie bei Erwachsenen. Trotzdem wird man bei einem Kleinkind keine öffentliche Abdankung halten. Das Grab erhält jedoch einen Grabstein.

Trauerbräuche

Es gibt verschiedene Stufen der Trauerzeit:
Vom Todeseintritt bis zur Beerdigung.
Die Trauerwoche – die Schiw'a – für alle sieben Verwandten: Vater, Mutter, Sohn, Tochter, Bruder, Schwester und Gatte/Gattin.
Die Dreissig Tage – die Schloschim – für alle sieben Verwandten.
Das Trauerjahr – Schana be Ewel – nur für die Eltern.
Direkt nach der Bestattung wird daheim ein Jahrzeitlicht entzündet, das ein ganzes Jahr brennt. In einem jüdischen Alters- und Pflegeheim wird statt eines offenen Lichts ein elektrisches Licht entzündet.
Anschliessend an die Beerdigung beginnt die siebentägige Schiwah. Die Trauernden setzen sich daheim auf den Boden oder auf einen niederen Stuhl. Sie werden von Freunden und Bekannten besucht. Die erste Mahlzeit, die mit Brot und einem hartgekochten Ei beginnt, wird von Bekannten zubereitet. Die ersten drei Tage sollen die

Hinterbliebenen nicht angesprochen werden. Morgens und abends findet im Trauerhaus ein gemeinsames Gebet statt. Der Schabbat, der in die Zeit von Schiwa fällt, zählt zu den sieben Tagen, obwohl am Schabbat keine öffentliche Trauer gehalten wird. Der Trauernde verlässt das Haus nicht, ausser für den Synagogenbesuch am Schabbat. Während dieser sieben Tage gibt es eine ganze Reihe von Einschränkungen, zum Beispiel: keine Erwerbsarbeit, nicht Rasieren oder Haare schneiden, Verzicht auf Make Up und Parfüm, kein Kleiderwechsel, keinen Schmuck tragen, keinen Vergnügungen nachgehen.

Die Schloschim (dreissig Tage) leiten langsam wieder in das normale Leben. Die Erwerbsarbeit darf wieder aufgenommen werden. Der Verzicht auf das Rasieren oder Haare schneiden gilt weiter, ebenso auf Vergnügungen .

Nach dreissig Tagen ist die Trauerzeit vorbei, ausser es handelt sich bei den Verstorbenen um die eigenen Eltern. Dann brennt das Jahreslicht weiter. Das Trauerjahr endet mit der ersten Jahrzeit der Beerdigung.

Es ist Brauch, nach 11 Monaten einen Grabstein zu setzen. Auf einem Grabstein können auch die Namen von Opfern der Shoah, die ja meist kein Grab erhalten haben, aufgeführt werden.

Es ist üblich, dass jeweils zur Jahrzeit das Grab besucht und ein Jahrzeitlicht entzündet wird. Vor dem Verlassen des Grabs wird ein Stein auf den Grabstein gelegt. Am Jahrzeittag sollen besondere Freuden unterlassen werden.

Beileidsbezeugungen

Es gibt im Judentum mehrere Arten der Beileidsbezeugungen. Die erste ist die oben beschriebene Unterstützung in der Trauerwoche Schiw'a. Sonst unterscheidet sich das Mitfühlen nur unwesentlich von den bei uns üblichen

Bräuchen. So werden Beileidsbriefe und Karten gesandt. Dies können auch Nichtjuden tun. Das Einzige, was dabei beachtet werden muss: Es sollten auf einer Karte keine christlichen Motive wie ein Kreuz oder ein Bibelspruch aus dem «Neuen» Testament sein.

Literatur

Marcel Ebel: Elu Dwarim. Ein Leitfaden durch die Zeit der Trauer, von Rabbiner Marcel Ebel. Herausgegeben von der ICZ, Israelitische Cultusgemeinde Zürich, Zürich 2002. (Bezieht sich auf Zürich!)
Rabbiner Menachem Halewi Klein: Vom Abschiednehmen. Eine Auswahl jüdischer Gesetze, Gebete, Gebräuche und Geschichten zu Trauer und Tod. Verfasst und zusammengestellt von Rabbiner Menachem Halewi Klein, Rabbiner der Jüdischen Gemeinde Frankfurt a.M. Basel 2000.
Rabbiner Dr. I.M. Levinger: Der letzte Weg. Vorschriften, Gebete und Gedanken zum Thema Tod und Trauer. Basel 1991.

Kontakte

Israelitische Gemeinde Basel, Leimenstrasse 24,
4003 Basel. Telefon 061 279 98 50.
Chewra Kadischa: 079 422 59 75.
Israelitische Cultusgemeinde Zürich
Lavaterstrasse 33, 8002 Zürich
Telefon 044 283 22 22.
Chewra Kadischa: 044 283 22 90.
Schweizerischer Israelitischer Gemeindebund SIG,
Postfach 2105, 8027 Zürich
Telefon 043 305 07 77.
Die SIG vermittelt Kontakte zu weiteren jüdischen Gemeinden.

IN KÜRZE
JUDENTUM

Care Team und Notfallseelsorge

Kleidung: Frauen tragen meistens einen Rock, verheiratete Frauen zudem eine Kopfbedeckung (Hut, Mütze oder Perücke). Männer: Breites Spektrum der Kleidung. Minderheit von Strengorthodoxen tragen schwarze Kleidung und Hut, übrige oft Kippa (Bild 102) und unter der Kleidung einen Tallit Katan (viereckiges Unterhemd mit «Schaufäden», (Bild 101).

Symbole: Davidsstern (Bild 7), auch auf Schlüsselanhänger (Bild 306). Auto: Reisegebet (Bild 307), Kleber zu Jerusalem.

Was tun mit Sterbenden? Chewra Kadischa und / oder Gemeinde benachrichtigen.

Begleitung der Familie? Chewra Kadischa und / oder Gemeinde benachrichtigen.

Rituale: Chewra Kadischa und / oder Gemeinde benachrichtigen.

Triage: Auf den jüdischen Friedhof bringen.

Suizid: Gleich wie bei einer natürlichen Todesursache oder einem Unfall.

Krankenpflege und Spitalseelsorge

Grosse Bandbreite möglich von strengorthodox bis liberal, deshalb sind keine allgemeinverbindlichen Aussagen möglich!

Ernährung: Praktizierende ernähren sich nur koscher. In Ausnahmefällen rein vegetarisches Essen.

Kleidung: Verheiratete Frauen begrüssen es, den Kopf bedeckt zu haben, Männer Kippa.

Geschlechterbeziehung: Frauen pflegen Frauen, Männer pflegen Männer.

Rituale: Tägliche Gebete. Schabbat (Freitag- bis Samstagabend) besondere Regeln.

Tabus: Keine Körperkontakte mit Andersgeschlechtlichen.

Todesfall: Chewra Kadischa und/oder Gemeinde benachrichtigen.

Religiöse Betreuung: Angehörige, Gemeindeglieder, eventuell Rabbiner.

SIKH

Grundlagen

Diese monotheistische Religion wurde von Guru Nanak (1469–1539) in Nordindien begründet. Nanak verstand sich als Reformer eines sinnentleerten ritualisierten Hinduismus und eines erstarrten Islams. Er lehrte einen bildlosen Monotheismus, der zwischen Menschen verschiedener Herkunft keinen Unterschied macht.
Seine drei Grundsätze sind einfach:
Arbeite für deinen Lebensunterhalt,
Bete zu Gott,
Teile mit dem Anderen.

Guru Nanak lehrte den Glauben an den einen allmächtigen Gott, den Schöpfer, der unerschaffen und unsterblich ist und nicht abgebildet werden kann.
Auf Guru Nanak folgten neun weitere Guru.
Guru Arjun Dev, der fünfte spirituelle Meister der Sikh, verfasste das erste heilige Buch Adi Granth. Es enthält Texte von 26 Autoren aus unterschiedlichen religiösen Traditionen in verschiedenen Sprachen.
Der zehnte, Guru Gobind Singh, formte 1699 aus der Reformbewegung eine eigenständige Religion. Guru Gobind Singh erklärte die Unterschiede der Geburt als aufgehoben, die Kastenunterschiede abgeschafft und Mann und Frau als gleichberechtigt. Alle Männer erhielten den Beinamen Singh, Löwe, die Frauen Kaur, Prinz. Mann und Frau erhielten in einer Zeremonie Amrit, Nektar, und wurden damit zu Mitgliedern der verbindlichen Brüderschaft der Sikh. Diese Taufe wird auch heute mit urteilsfähigen Sikhs durchgeführt.
Guru Gobind Singh vollendete den Adi Granth, benannte

ihn um in Guru Granth Sahib und erklärte damit sich selbst zum letzten menschlichen Guru und das heilige Buch als Quelle des Spirituellen zum Guru.
In den Gottesdiensten im religiösen Versammlungsraum, dem Gurdwara, wird aus dem Guru Granth Sahib gelesen und auf Schabad Kirtan (Gesungenes Gotteslob) gehört. Mit dem Ardas wird um Segen für alle Menschen gebetet und anschliessend Parschad, gottgeweihte Süssspeise, verteilt.
Ein Granthi liest aus dem Guru Granth Sahib. Alle Sikh-Männer und -Frauen, die das richtige Lesen beherrschen, können als Granthi wirken.
Eine «Ragi Jatha» besteht meist aus etwa drei Personen, die Schabad Kirtan singen und dabei von einem indischen Harmonium und Tabla (zwei Trommeln) begleitet werden. Schabad Kirtan gibt es auch auf CD und Kassetten.
Die Gottesdienste sind für alle Interessierten offen, sofern sie sich an minimale Verhaltensrichtlinien halten. So darf man nicht unter Alkoholeinfluss stehen und keine Rauchwaren oder Drogen irgendwelcher Art auf sich tragen. Männer und Frauen bedecken den Kopf mit einem einfachen Baumwolltuch und ziehen die Schuhe aus.
Zum Gurdwara gehört der Langar, die öffentliche Küche. Hier wird an alle Menschen unabhängig von der Religionszugehörigkeit gratis vegetarisches Essen abgegeben. Das Kochen gilt als «Seva», Dienst.
In einem Büchlein mit etwa 40 Seiten in der englischen Übersetzung «Sikh Reht Maryada – The Code of Sikh Conduct & Conventions» sind die wichtigsten Regeln des Glaubens, der Rituale und des Zusammenlebens beschrieben. Die Schrift wurde von der obersten Behörde der Sikhgemeinschaft, dem Shiromani Gurdwara Parbandhak Commitee, herausgegeben.

Jenseitsvorstellungen

Im Gegensatz zum Islam lehrte Guru Nanak die Wiedergeburt. Stufenweise entwickeln sich die Wesen, bis sie die höchste Stufe als Menschen erreichen.

Im Idealfall erreicht ein Mensch einen Zustand, dass er nicht mehr wiedergeboren wird. Das heisst, er geht zu Gott in den Himmel (Punjabi: Svarg) ein.

Ein Mensch, der viel Gutes getan hat, aber nicht die höchste Stufe erreicht, wird wieder als Mensch geboren und hat so die Gelegenheit, sich zu vervollkommnen und in der nächsten Existenz den Himmel zu erreichen.

Alle anderen Menschen werden in der Gestalt irgend eines anderen Wesens wieder geboren.

Symbole und Kleidung

Getaufte Sikhs sind zum Tragen der «5 K» verpflichtet. Dies sind fünf Symbole, die im Punjabi mit dem Buchstaben «K» beginnen:

1. Kesch. Ungeschnittene Haare. Männer dürfen auch den Bart nicht schneiden und tragen zusätzlich einen Turban (Bild 104).

2. Kangha. Ein hölzerner Kamm wird als Zeichen der Sauberkeit in den Haaren getragen (Bild 323).

3. Kacha (oder: Kachera). Besondere Baumwollunterhosen sollen zur sexuellen Mässigung beitragen.

4. Kara. Ein Stahlarmreif erinnert an die Verpflichtung zur Wahrheit (Bild 322).

5. Kirpan. Ein Dolch, der Tag und Nacht getragen wird, ist das Zeichen dafür, dass Sikh Arme, Schwache und Unschuldige verteidigen (Bild 324).

Diese Symbole werden von Männern und Frauen getragen. Allerdings gibt es auch bei Sikhs grosse Unterschie-

de. Das heisst, das Spektrum reicht von solchen, die sich streng an die Regeln halten bis zu solchen, die geschnittene Haare haben und höchstens noch den Kara, den Stahlarmreif, tragen.
Bei der Kleidung sind Sikh frei. Sie tragen das, was ihnen persönlich zusagt. «Klassisch» indisch tragen Männer Kurta Pajama, Frauen Salwar Kamiz. Dies sind Kleidungen, die aus einer weiten, langen Bluse und weiten Hosen bestehen. Männer tragen traditionell über den Haaren einen Dastar (Turban), Frauen eine Dupatta (Kopftuch).

Pflegerelevante Themen

Die Krankheit gehört zum Leben und wird nicht als Strafe Gottes aufgefasst.
Sikh kennen drei tägliche Gebete. Das erste ist am frühen Morgen, das zweite am Abend und das dritte vor dem Einschlafen. Diese Gebete dauern 10–30 Minuten. Sie werden meist halblaut gemurmelt.
Im Spitalalltag wäre es ideal, wenn Sikhs für die Gebete einen separaten Raum benützen könnten. Unbedingt sollte aber abgesprochen werden, wann eine Patientin oder ein Patient ungestört die Gebete halten kann. Zeitlich sind Sikhs flexibel, begrüssen es aber sehr, wenn sie nicht während den Gebeten gepflegt oder auch nur angesprochen werden.

Körperpflege

Wenn immer möglich nehmen Sikhs am Morgen vor dem Morgengebet «Ischnan», eine Ganzkörperwäsche unter der Dusche. Wenn das Duschen nicht möglich ist, wird sie durch den «spirituellen Ischnan» ersetzt.

Kleidung

Sikhs ziehen es vor, auch im Spitalbett ganz bekleidet zu sein und auch die ungeschnittenen Haare zu bedecken. Frauen tragen deshalb oft ein lockeres Kopftuch (Dupatta), Männer entweder den Turban (Bild 104) oder einen Keski, den kleinen Unterturban (Bild 105+106). Getaufte Sikhs dürfen auch nie ihre 5K ablegen. Da dies bei Untersuchungen Probleme geben kann, sollte eine pragmatische Lösung gefunden werden. Bei kleineren Untersuchungen kann der Kirpan (Dolch, Bild 324) hochgebunden oder geklebt werden. Bei grösseren Untersuchungen, wie zum Beispiel bei der Magnetresonanztomographie, kann kurzzeitig die Kara (Armreif, Bild 322) und der Kirpan abgelegt werden.

Nahrungsvorschriften

Es gibt keine verbindlichen Nahrungsvorschriften, aber die absolute Mehrheit der Sikhs isst grundsätzlich kein Rindfleisch. Viele Sikhs ernähren sich vegetarisch und essen kein Fleisch, keinen Fisch und auch keine Eier. Deshalb muss auch auf versteckte tierische Bestandteile geachtet werden. Da es diesbezüglich sogar innerhalb einer Familie Unterschiede geben kann, schafft nur ein Gespräch Klarheit.

Geschlechterbeziehung

Sikhs haben ein unverkrampftes Verhältnis zwischen den Geschlechtern. Trotzdem ist es nicht üblich, dass sich ein Mann und eine Frau, die nicht verwandt sind, die Hand geben. Dies ist aber vor allem kulturell bedingt. Für einen Mann ist eine Frau kein Sexualobjekt. Wenn sie gleichaltrig ist, soll er sie wie seine Schwester behandeln, wenn sie jünger ist wie seine Tochter, wenn sie älter ist wie

seine Mutter.
Im Gegensatz zu einigen anderen Religionen gelten menstruierende Frauen nicht als unrein. Nicht die menstruierende Frau ist unrein, sondern diejenigen, die schmutzige Gedanken haben, meinen manche Sikhs. Die Sexualität wird bejaht, allerdings nur in der Ehe.
Sikhs begrüssen es, wenn sie im Spital von einer gleichgeschlechtlichen Person gepflegt werden.

Haltung gegenüber der modernen Medizin

Sikhs haben keinerlei Mühe mit der modernen Medizin und nehmen sie in Anspruch. Die Organspende bietet keine Probleme. Wenn eine Bluttransfusion medizinisch nötig ist, wird sich ein Sikh nicht dagegen aussprechen.

Sterben und Tod

Sikhs versuchen, den Tod als einen natürlichen, gottgewollten Schritt anzunehmen.
Sterbende Sikhs werden nicht allein gelassen. Wenn irgend möglich begleiten sie Angehörige oder Freunde. Sterbenden wird aus dem Guru Granth Sahib rezitiert. Grundsätzlich ist jedes «Bani» möglich, aber es ist üblich, das Gebet Jopay Sahib zu beten. Wenn kein Sikh – Mann oder Frau – da ist oder dazu fähig ist, kann auch ab CD abgespielt werden.
Sterbehilfe wird abgelehnt, weil nicht der Mensch über das Ende des Lebens entscheiden darf. Nur das Gebet ist erlaubt.

Patientenverfügung

Eine Patientenverfügung ist bei Sikhs noch unbekannt, was aber weniger mit der Religion zu tun hat, sondern mit der indischen Herkunft.

Sofortmassnahmen bei Eintritt des Todes

Sikhs haben nichts dagegen, wenn Nicht-Sikhs ihren Körper berühren. So kann die übliche Versorgung des Leichnams vom Pflegepersonal durchgeführt werden.

Die fünf K's von getauften Sikhs sollten nicht entfernt und weder das Haar geschnitten noch der Turban abgenommen werden.

Autopsie

Die Familie entscheidet. Es gibt keinerlei diesbezügliche religiösen Vorschriften oder Einschränkungen.

Bestattung

Die Kremation findet am Wohnort statt. Eine Überführung in das Heimatland ist unbekannt.

Grundsätzlich gibt es nur die Kremation. Die einzige Ausnahme ist die Erdbestattung von Kleinkindern. Die Asche wird in einen Fluss gestreut. Ob dies in der Schweiz oder in Indien geschieht, ist eine persönliche Entscheidung.

Es ist üblich, dass Familienglieder – auch mit Unterstützung von Profis oder erfahrenen Sikhs – selber die Leichenwaschung durchführen. Die Leiche wird mit neuen Kleidern bekleidet. Dabei ist die Farbe Geschmackssache. Da in Indien weiss als Friedensfarbe gilt, bevorzugen viele Familien weisse Leichenkleidung. Selten wird Stoff um die Leiche gewickelt.

Es wird kein Unterschied nach Geschlechtern gemacht.

Kleinkinder werden bestattet statt kremiert.

Sikhs helfen in einem Todesfall solidarisch.

Trauerbräuche

Die Leiche wird an einem geeigneten Ort gewaschen und gekleidet.

Wenn möglich findet im Krematorium eine kleine Feier statt:
- Schabad Kirtan (religiöser Gesang)
- Rezitation des Kirtan Sohila (Nachtgebet)
- Ardas (Segensgebet)

Dann wird der Sarg eingefahren. In Indien entzündet der älteste Sohn oder ein anderes nahes Mitglied der Familie das Feuer. Eventuell kann statt dessen der Knopf zum Einfahren der Leiche gedrückt werden.

Anschliessend fahren alle zum Gurdwara (Tempel). Hier findet die eigentliche Abdankungsfeier statt:
- Lesung aus dem Guru Granth Sahib (Seite 578)
- Schabad Kirtan (religiöser Gesang)
- Ardas (Segensgebet)
- Langar (öffentliche Küche, essen)

Später wird die Urne beim Krematorium abgeholt. Theoretisch könnte die Asche in irgendeinen Fluss gestreut werden. Meist wird sie aber nach Indien mitgenommen und in Kiratpur Sahib beim Gurdwara Patal Puri in den Fluss Sutlej gestreut.

Beileidsbezeugungen

Wenn immer möglich nehmen Sikhs an der Trauerfeier im Gurdwara teil. Wenn dies nicht möglich ist, besuchen sie die Trauerfamilie, um ihr das Beileid auszusprechen. Wenn es zum Beispiel aus Distanzgründen schwierig ist, telefonieren sie oder senden in Ausnahmefällen einen Beileidsbrief.

Trauerbräuche

Jeweils zur Jahrzeit besuchen viele Sikhs den Gurdwara und spenden für den Langar, das heisst, sie kaufen das Essen ein und kochen für die Gemeinde. Es gibt dann einen besonderen Ardas.

Spezialfragen
Tabus
Es gibt eine ganze Reihe von Tabus. Sie betreffen Bräuche der Hindus, die von Sikhs nicht ausgeführt werden dürfen. So zum Beispiel das Sprenkeln von «Ganga Jal» (Gangeswasser), Wasser von einem Gurdwara oder Milch, Fruchtopfer, Fotos des Verstorbenen beim Guru Granth Sahib hinstellen etc.
Auf keinen Fall dürfen die fünf K's entfernt werden.

Suizid
Suizid wird abgelehnt, weil nicht der Mensch über das Ende des Lebens entscheiden darf. Suizid gilt als schwere Sünde. Wenn aber ein Sikh sich doch das Leben genommen hat, wird mit ihm genau gleich verfahren wie oben beschrieben. Es ist nicht an Menschen, ihn zu verurteilen.

Literatur
Dharam Parchar Comitee (Publ.): Rehat Maryada. A Guide to the Sikh Way of Life. Published by: Dharam Parchar Comitee. SGPC. Amritsar Sikh Funeral. From SikhiWiki: http://www.sikhiwiki.org/index.php/Sikh_Funeral

Kontakte
Sikh Gemeinde Schweiz Gurudwara, Schachenstrasse 39, 4658 Däniken/SO.
Telefon 062 291 32 98 oder 079 639 56 16.
Gurdwara Sahib Switzerland, Dennliweg 31a, 4900 Langenthal. Telefon 078 655 69 13.

IN KÜRZE
SIKH

Care Team und Notfallseelsorge

Kleidung: Westliche Kleidung oder «Punjabi», Kurta Pajama (Männer) respektive Salwar Kamij (Frauen): weite, lange Bluse und weite Hosen.

Symbole: Stahlarmreif (Bild 322), Holzkamm in den Haaren (Bild 323), Dolch, meist unter der Kleidung (Bild 324), manchmal werden solche Symbole als Miniaturen auf einer Schnur aufgereiht unter der Kleidung getragen. Div. Anstecker, Schlüsselanhänger, Kleber auf dem Auto etc.: (Bilder 20, 21, 325).

Anmerkung: Nicht jede Sikh-Frau oder jeder Sikh-Mann trägt die «5K», aber als Minimum tragen eigentlich alle einen Kara (Armreif), viele zusätzlich eines der sekundären Symbole!

Was tun mit Sterbenden? Wenn möglich werden Familienangehörige oder andere Sikhs gerufen. Wenn dies nicht möglich ist, kann für den Sterbenden gebetet werden.

Begleitung der Familie: Eine der Kontaktpersonen anfragen.

Rituale: Eine der Kontaktpersonen anfragen.

Triage: Ideal: Heim bringen. Da sich Sikhs nach den geltenden Gesetzen richten, wird die Leiche gemäss den örtlichen Vorschriften behandelt, d.h., sie wird in ein Spital oder Friedhof gebracht.

Suizid: Gleich wie bei natürlichen Todesursache oder bei Unfall.

Krankenpflege und Spitalseelsorge

Ernährung: Keine verbindlichen Nahrungsvorschriften. Mehrheit der Sikhs isst kein Rindfleisch. Viele ernähren sich vegetarisch.

Kleidung: Wenn möglich ganz bekleidet. Die ungeschnittenen Haare müssen immer bedeckt sein.

Geschlechterbeziehung: Wenn möglich Pflege durch gleichgeschlechtliche Person.

Rituale: Drei tägliche Gebete. Idealfall in separatem Raum.

Tabus: Keine Hindurituale!

Todesfall: Familienangehörige oder andere Sikhs rufen.

Religiöse Betreuung: Familienangehörige oder andere Sikhs.

KONFESSIONSFREIE UND FREIDENKER

Grundlagen der Weltanschauung

Konfessionsfreie[9] sind Menschen, die keiner Kirche angehören, keine religiöse Autorität anerkennen und in der Regel auch keine Dogmen.

Konfessionsfreie suchen einen authentischen Umgang mit Krankheit, Sterben, Tod und Bestattung. Man kann davon ausgehen, dass es sich um Menschen handelt, die in diesen existenziellen Fragen Position beziehen und Patiententestamente oder sonstige Erklärungen verfasst haben. Sie sind überdurchschnittlich oft Mitglied einer Sterbehilfeorganisation und/oder spenden ihren Körper der Anatomie.

Jenseitsvorstellungen

Konfessionsfreie haben mehrheitlich keine Jenseitsvorstellung. Falls sie Jenseitsvorstellungen und damit verbundene Bedürfnisse haben, sind sie sehr individuell.

Symbole und Kleidung

Konfessionsfreie sind kaum an der Kleidung oder an Symbolen zu erkennen.

Pflegerelevante Themen

Konfessionsfreie legen grossen Wert auf Information und auf Respekt, Selbstbestimmung und Individualität. Sie haben keine Nahrungsvorschriften. Überdurchschnittlich viele sind Vegetarier. In der Geschlechterbeziehung sind sie individuell, in der Regel aber eher unverkrampft.

Haltung gegenüber der modernen Medizin
Konfessionsfreie haben grundsätzlich eine positive Einstellung zur modernen Medizin. Sie legen Wert auf Selbstbestimmung und haben in der Regel keine grundsätzlichen Einwände gegen die Bluttransfusion oder die Organspende; oft haben sie einen Spenderausweis.
Auch zur Reanimation ist die Einstellung individuell. Konfessionsfreie führen überdurchschnittlich oft eine Patientenverfügung mit sich oder tragen einen Amulett oder Tattoo mit „Stopp Reanimation"/"No reanimation"/"DNAR" (Do not attempt resuscitation).

Sterben und Tod
Konfessionsfreie lehnen den unaufgeforderten Besuch von Seelsorgern ab.
Konfessionsfreie sind überdurchschnittlich oft Mitglied einer Sterbehilfeorganisation und legen Wert auf Selbstbestimmung. Die Freidenker-Vereinigung der Schweiz macht sogar Werbung für ein «Patiententestament».[10]
Beim Eintritt des Todes sollten sofort die Angehörigen informiert werden.
Suizid: Konfessionsfreie respektieren das Selbstbestimmmungsrecht der Menschen.

Autopsie
Gegen die Autopsie haben Konfessionsfreie in der Regel keine prinzipiellen Einwände. Freidenker setzen sich sogar dafür ein, dass ihr Körper nach dem Tod für die Anatomie einer Universität gespendet wird: «Das Fach Anatomie beschäftigt sich mit dem Bau des normalen menschlichen Körpers. Um Lehre und Forschung in der Anatomie den heutigen Bedürfnissen entsprechend durchzuführen, sind die anatomischen Institute dringend

auf die Körperspende von Mitbürgerinnen und Mitbürger angewiesen. (…) Die Bereitschaft, den Körper für die Lehre und die medizinische Forschung zur Verfügung zu stellen, ist eine Frage der gesellschaftlichen Solidarität. Die Körperspende ist das Geschenk eines Menschen an seine Mitmenschen, insbesondere an die nächste Generation. …»[11]

Bestattung

Konfessionsfreie wählen in der Regel die Kremation als Bestattungsform und übergeben die Asche der Natur, bevorzugt in Bestattungsanlagen, wo sie direkt in den Boden gegeben werden kann oder in einer Bio-Urne. Eine Repatriierung – also einen Transport des Leichnams in ein anderes Land – ist kaum ein Thema. Die Mehrheit wünscht, in privater Kleidung in einem schlichten Sarg (Basel: «Staatssarg») kremiert zu werden.

Ihre Angehörigen sind über individuelle Bestattungswünsche oft schon informiert oder können an die Freidenker-Vereinigung der Schweiz oder an freie Ritualbegleiter verwiesen werden. Bei Frühgeburten und Kindsbestattungen ist der Wunsch der Eltern massgebend.

Die Freidenker-Vereinigung der Schweiz steht unterstützend zur Seite.

Trauerbräuche

Die Freidenker-Vereinigung der Schweiz bietet religionsfreien Menschen auf Wunsch ihre Unterstützung an bei der Gestaltung einer ganz persönlichen Abschiedsfeier. Im Gespräch werden aus den vielen Einzelheiten aus dem Leben der verstorbenen Person besonders prägende Elemente herausgearbeitet und die Basis für das gemeinsame Erinnern gelegt. Rahmen und Ablauf der Feier und erste Perspektiven für die Zeit danach werden entwickelt. Die

Abschiedsfeier findet in einer öffentlichen Abdankungshalle oder im Freien statt: Eine schlichte Gedenkfeier, in der Respekt zum Ausdruck kommt und Dank für das, was mit der verstorbenen Person möglich gewesen ist. Es wird über das individuelle Leben gesprochen und anhand von ausgewählten Texten und Musikstücken die Einzigartigkeit und gleichzeitig das Verbindende und zutiefst Menschliche eines Lebens gewürdigt.
Beileidsbezeugungen, Grabbesuch und weitere Trauerbräuche sind individuell.
Sehr oft bevorzugen Konfessionsfreie das Gemeinschaftsgrab. Damit entfällt eine allfällige Grabpflege.

Kontakt

Freidenker-Vereinigung der Schweiz,
Postfach, 3001 Bern.
Telefon 031 371 65 67. www.freidenken.ch

IN KÜRZE
KONFESSIONSFREIE UND FREIDENKER

Care Team und Notfallseelsorge

Kleidung: Keine spezielle Kleidung.
Symbole: Eventuell Amulett oder Tattoo mit „Stopp Reanimation"/"No reanimation"/"DNAR" (Do not attempt resuscitation).
Was tun mit Sterbenden? Menschliche Zuwendung.
Begleitung der Familie? Menschliche Zuwendung.
Rituale: Keine.
Triage: Ortsüblich.
Suizid: Gleich wie bei einer natürlichen Todesursache oder einem Unfall.

Krankenpflege und Spitalseelsorge

Ernährung: Individuell, eventuell vegetarisch.
Kleidung: Nichts zu beachten.
Geschlechterbeziehung: Nichts zu beachten.
Rituale: Keine!
Tabus: Ungefragte religiöse Handlungen durch Pflegepersonal und Seelsorger!
Todesfall: Angehörige oder andere Bezugsperson verständigen.
Religiöse Betreuung: Keine!

AUTORINNEN UND AUTOR

Judith Albisser
Geboren 1979 in Bern.
Lizentiatsstudium (2002-09) in Religionswissenschaft (Hauptfach), Ethnologie und Allgemeiner Ökologie an der philosophisch-historischen Fakultät der Universität Bern.

Die Mitarbeit an diesem Buchprojekt gab mir die Möglichkeit, die Vielfalt von Vorstellungen über Leben und Tod und die Ausübung von Ritualen und Praktiken zu beschreiben.
Zu meinen kultur- und religionswissenschaftlichen Schwerpunkten zählen die auf dem indischen Subkontinent entstandenen religiösen Traditionen des Buddhismus und Hinduismus sowie die entsprechenden Strömungen im postindustriellen Westen (neue religiöse Strömungen, moderne Askese, Fragen zu Sinnkrisen, Leben und Tod).

Christoph Peter Baumann
Geboren 1947 in Basel.
Religionswissenschafter, Indologe, Dipl. Erwachsenenbildner, reformierter Religionslehrer. Gründer und Leiter der Informationsstelle INFOREL, Information Religion. Forschung zu Fragen der Gegenwartsreligio-
-sität und des Volksglaubens. Schwerpunkte der Arbeit sind Diaspora-Religionen: Sikhismus, Buddhismus, Hinduismus, Islam und Minderheitsreligionen.
Autor zahlreicher Bücher und Unterrichtsmittel, so zum Beispiel: «Knigge der Weltreligionen», «Humor und Religion» und mehrerer «Materialkoffer Religion».

Das Thema Tod und Bestattung interessiert mich schon lange, weil jeder Mensch früher oder später sterben muss. Ich habe in verschiedenen Ländern dazu recherchiert, so auch in England und in Indien und habe dabei unzählige christliche, jüdische und islamische Friedhöfe und Kremationsplätze der Hindus und Sikhs besucht.

Sylvie Eigenmann
Geboren 1983, in Sarnen.
Lizenziatsstudium (2002-2009) in Ethnologie (Hauptfach), Religionswissenschaft und Medien- und Kommunikationswissenschaft an den philosophisch-historischen Fakultäten der Universität Bern und der Freien Universität Berlin.

«Der Kopf ist rund, damit das Denken die Richtung ändern kann.»

Auch auf dem Erdenrund dürfen wir immer neuen Mitmenschen, Kulturen und Ansichten begegnen, wobei auch immer eine Reflexion des „Eigenen" stattfindet. Keine zwei Gläubigen desselben religiösen Hintergrundes würden ihre Glaubenswelt mit den gleichen Worten beschreiben: ein Phänomen, mit dem sich auch die für dieses Buch entstandenen Texte arrangieren mussten.

MITARBEIT

Redaktion
Christoph Peter Baumann
Andreas Möri

Lektorat
Alexandra Kopf
Rolf Thalmann, Dr. phil.

Spitalseelsorge
Jürg Merz, Pfarrer, Spitalseelsorger, Evangelisch-reformierte Kirche
Samuel Mühlemann, Pfarrer, Spitalseelsorger, Ev.-reformierte Kirche
Josef Schönauer, Spitalseelsorger, Römisch-katholische Kirche
Theophil Spoerri, Spitalseelsorger i.r., Evangelisch-reformierte Kirche
(sowie weitere Spitalseelsorgerinnen und Spitalseelsorger)

Alters- und Pflegeheim
Roswitha Federhofer, Pflegehotel St. Johann, Basel
Rudolf Hoffmann, Holbeinhof; jüdisch-christliches Altersheim, Basel
Katrin Lüdin, Pflegedienstleiterin, Pflegehotel St. Johann, Basel
Gülsen Oeztürk, Basel

Gefängnisseelsorge
Franziska Bangerter Lindt, Pfarrerin, Evangelisch-reformierte Kirche

Care Team und Notfallseelsorge
Marino Bosoppi, kath. Notfall- und Ortsseelsorger Stans
Paul Bühler, Seelsorger, Römisch-katholische Kirche
Sybille Knieper, Pfarrerin, Evangelisch-reformierte Kirche
Carlo Laeri, Bundesamt für Bevölkerungsschutz
(sowie weitere Fachpersonen)

Bestattungsarten
Alois Bucher, Bestattungsamt Flury GmbH
Walter Glauser, Friedhofsverwaltung Bern
Bernhard Meister, Friedhof am Hörnli, Basel
Cornel Suter, Friedhofsverwaltung der Stadt Luzern
Rita Wirz, Friedhofsverwaltung, Friedhof am Hörnli, Basel
(sowie weitere Fachpersonen in der Schweiz, England und Indien)

Aleviten
Hasan Kanber, Kulturvereinigung der Aleviten und Bektaschi Basel
Hüseyin Cihan Minkner, Föderation der Alevitischen Gemeinden in der Schweiz
(sowie weitere Alevitinnen und Aleviten)

Bahá'í
Hanni Berger, Reinach
Mirjam Nerouz, Reinach
(sowie weitere Bahá'í)

Buddhismus
Niklaus Krattiger, Wat Srinagarindravararam, Gretzenbach SO, Vorstandsmitglied INFOREL
Rita Lämmli, Wat Srinagarindravararam, Gretzenbach SO
Geshe Jampel Senge, Mönch, Abtstellvertreter, Tibet-Institut Rikon
Cornelia Ferrazzini Tsamdha und Tsamdha Tsering Topgyal

Christentum
Frank Bangerter, Pfarrer, Christkatholische Kirche Zürich
Michael Bangert, Pfarrer Dr. theol., Christkatholische Kirche Basel
Urs Gassmann, Pastor, Baptistengemeinde Basel
Peter Gysler, Kirche Jesu Christi der Heiligen der letzten Tage
Rudolf Hofer, Pfarrer, Römisch-katholische Kirche, Reussbühl und Littau LU

Jürgen Klaumünzner, Kirche Jesu Christi der Heiligen der Letzten Tage, Frauenfeld
Dominique Matter, Zeugen Jehovas, Emmenbrücke LU
Jürg Meier, Neuapostolische Kirche Bezirk Basel
Andreas Möri, Pfarrer, Evangelisch-reformierte Kirche Basel, Präsident INFOREL
Samuel Mühlemann, Pfarrer, Evangelisch-reformierte Kirche Basel
Milutin Nicolic, Pfarrer, Serbisch-orthodoxe Kirche Basel
Christian B. Schäffler, Berater INFOREL für Freikirchen
Jakob Sturzenegger, Pastor i.R., Baptistengemeinde Basel
Maja Weyermann, Informationsbeauftragte der Christkatholischen Kirche der Schweiz
(sowie weitere kirchliche Fachpersonen)

Hinduismus

Satish Joshi, Dr., INDOSAC, Aus- und Weiterbildung über Indische Kultur und Religionen, Zürich
Ram Mitra, Kontakte für hinduistisch-multikulturelle Aktivitäten, Basel
Ranjit Sen Gupta, Oberwil BL
Sasikumar Tharmalingam, Priester, Hindu Gemeinde Schweiz Saivanerikoodam
Vasanthini Sivagnanam, Hindu Tempel Basel
(sowie weitere Hindus in der Schweiz, England und Indien)

Islam

Bashir Ahmed, Muslim Funeral Services, Southall UK
Muhammad Michael Hanel, Gesellschaft Schweiz – Islamische Welt GSIW
Hisham Maizar, Dr. med, Arzt. Föderation Islamischer Dachorganisationen Schweiz
Mashhood Ahmad Rana, Imam, Ahmadiyya Southall UK
Nuriye Tasoglu, Übersetzerin. Vorstandsmitglied INFOREL (Bereich

Islam)

Majida Tufail Hanel, Dr. med, Ärztin

Mirsada Voser, Islamische Gemeinschaft Bosniens, Dzemat Basel

(sowie weitere Muslime)

Judentum

Jacqueline und Jaques Bloch-Nelken, Chewra Kadischa Basel

Rolf Halonbrenner, Dr., Schweiz. Israelitischer Gemeindebund

Rudolf Hoffmann, Holbeinhof; jüdisch-christliches Altersheim, Basel

Philip E. Rothschild, Chewra Kadischa, Basel

Frimette Silbiger, Basel

(sowie Schweiz. Israelitischer Gemeindebund und Rabbiner)

Sikh

Gurbachan Singh Khalsa, Sikh Gemeinde Schweiz Gurudwara, Däniken

Karan Singh, Gurdwara Sahib Switzerland, Langenthal

Balbir Singh, Southall UK

(sowie Sikhs in der Schweiz, England und Indien)

Konfessionsfreie und Freidenker

Reta Caspar, Freidenker Vereinigung der Schweiz

Weitere Hilfe

Lilo Roost Vischer, Dr. phil., Koordinatorin für Religionsfragen, Präsidialdepartement Basel-Stadt

Weitere Fachleute wie Ärzte, aus der Pflege, der Polizei, Friedhofverwaltungen und weiteren Gebieten standen uns mit Auskünften zur Seite.

FINANZIERUNG

Die Publikation dieses Buches wurde von folgenden Geldgebern mitfinanziert:

- Adolf und Mary Mil-Stiftung
- Arbeitsgemeinschaft Notfallseelsorge Schweiz
- Bahá'í von Basel
- Bahá'í von Reinach
- CareLink
- Carl und Elise Elsener-Gut Stiftung
- Ernst Göhner Stiftung
- Gemeinnützige Stiftung der Neuapostolischen Kirche Schweiz
- Gurdwara Sahib Switzerland, Langenthal
- Hamasil Stiftung
- Kirche Jesu Christi der Heiligen der Letzten Tage
- Lotteriefonds / Swisslos-Fonds Basel-Stadt
- Lotteriefonds / Swisslos-Fonds Basel-Landschaft

SWISSLOS Basel-Landschaft   **SWISSLOS-Fonds** Basel-Stadt

- Ref. Pfarramt am Felix Platter-Spital
- Ref. Kirchgemeinde Zwinglihaus
- Ripa Foundation
- Schweizerischer Israelitischer Gemeindebund SIG
- Spitalseelsorge Kantonsspital Aarau
- Spitalseelsorge Kantonsspital Bruderholz
- Stiftung Dialog zwischen Kirchen, Religionen und Kulturen
- Gedruckt mit Unterstützung der Berta Hess-Cohn Stiftung, Basel

ANMERKUNGEN

1. SIG Factsheet «Rabbiner»
2. Weggemeinschaft der Familien (musahiplik). In: Ismail Kaplan: Das Alevitentum. Eine Glaubens- und Lebensgemeinschaft in Deutschland. Alevitische Gemeinde Deutschland e.V. 1. Aufl. Köln 2004. S. 63 f.
3. Siehe dazu: Ismail Kaplan: Der Glaube an die Unsterblichkeit der Seele. in: Friedmann Eissler (Hg.): Aleviten in Deutschland. Grundlagen, Veränderungsprozesse, Perspektiven. EZW-Texte 211. Berlin 2010. S.63 ff.
4. Majida Tufail: Kulturelle Aspekte in der medizinischen Betreuung und Pflege von muslimischen Frauen. Manuskript des Vortrags am 10. Juni 1993 im Kantonsspital St. Gallen.
5. Vortrag am 10. Juni 1993 im Kantonsspital St. Gallen.
6. Guindi Mahmoud El/Mansour Mohamed: S.31.
7. Tod und Bestattung im Islam: www.islam.de/1641.php#tod/tot_trauer01.html
8. Näheres zur Trauer siehe: STERBEN – TRAUER – TOD. Vortrag von Michael Muhammad Hanel zum Veranstaltungszyklus über Sterben, Trauer und Tod.
Im Rahmen der perspektiva Kongresse zu Basel im Herbst 2006.
http://www.islamheute.ch/TodVortrag.htm
9. «Konfessionsfreie» und «Freidenker» werden hier synonym verwendet, wie dies oft von Freidenkern geschieht. So hat zum Beispiel die Freidenker-Vereinigung in der Schweiz eine zweite Homepage www.konfessionsfrei.ch.
10. www.frei-denken.ch/de/dienstleistungen/wegleitungen/krankheitsfall/
11. Körperspende für die Anatomie einer Universität: www.frei-denken.ch/de/dienstleistungen/wegleitungen/korperspende/

SYMBOLE

01 Christentum allg.
02 Reformiert (Anhänger)
03 Christkatholisch
04 Evangelisch-methodistische Kirche (EMK)
(siehe Reformierte Kirche)
05 Christentum allg. (Kleber in vielen Farben und Formen)
06 Neuapostolische Kirche
07 Juden
08 – 10 Bahá'í

11 Buddhismus allg.

12 – 14 Buddhismus Vajrayana

15 Hindu (vor allem Vaischnava)

16 Hindu (vor allem Tamilen)

17 – 19 Islam

20 + 21 Sikh

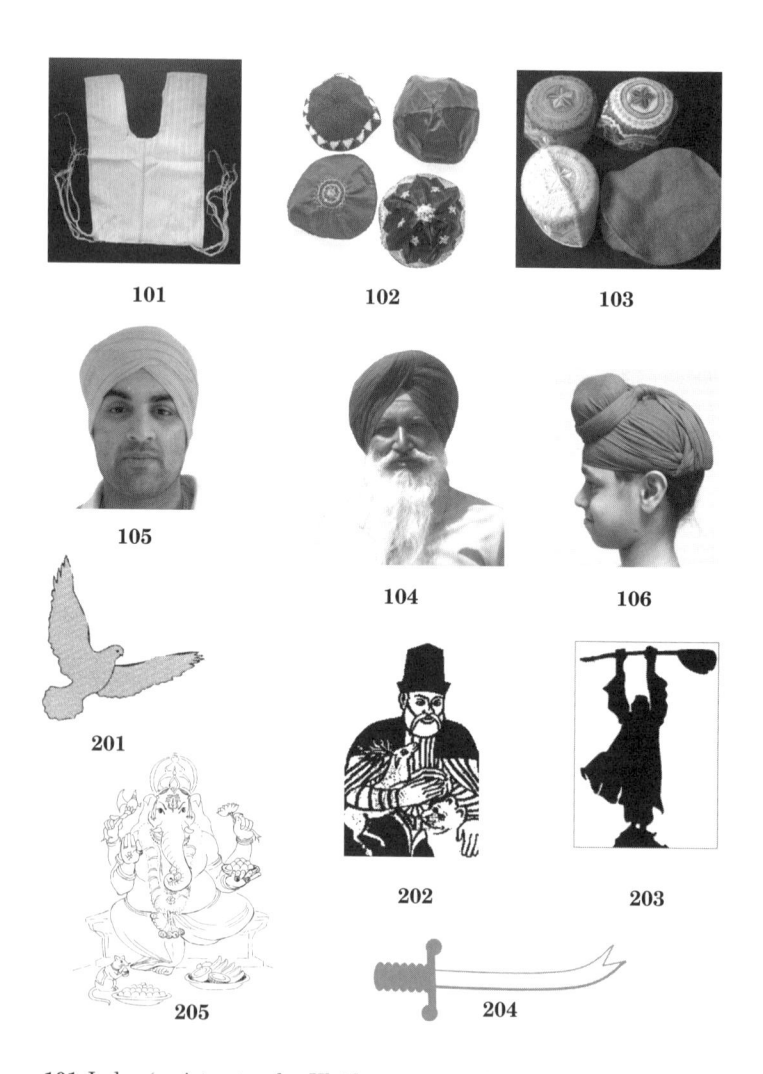

101 Juden (meist unter der Kleidung getragen)
102 Juden
103 Islam
104 – 106 Sikh (106 vorwiegend von Knaben getragen)
201 – 203 Aleviten (201 + 203 Meist als kleiner Anstecker getragen)
204 Aleviten (Als Anstecker und als Anhänger getragen)
205 Hindu

301 Christentum allg. («christlich-ökumenisch-spirituell»)

302 – 305 Römisch-katholisch (303 Kleber im Auto)

306 + 307 Juden (307 in Autos geklebt)

308 + 309 Islam (309 Anhänger)

311 Islam (Z.T. auch bei Alevitenmännern zu finden)

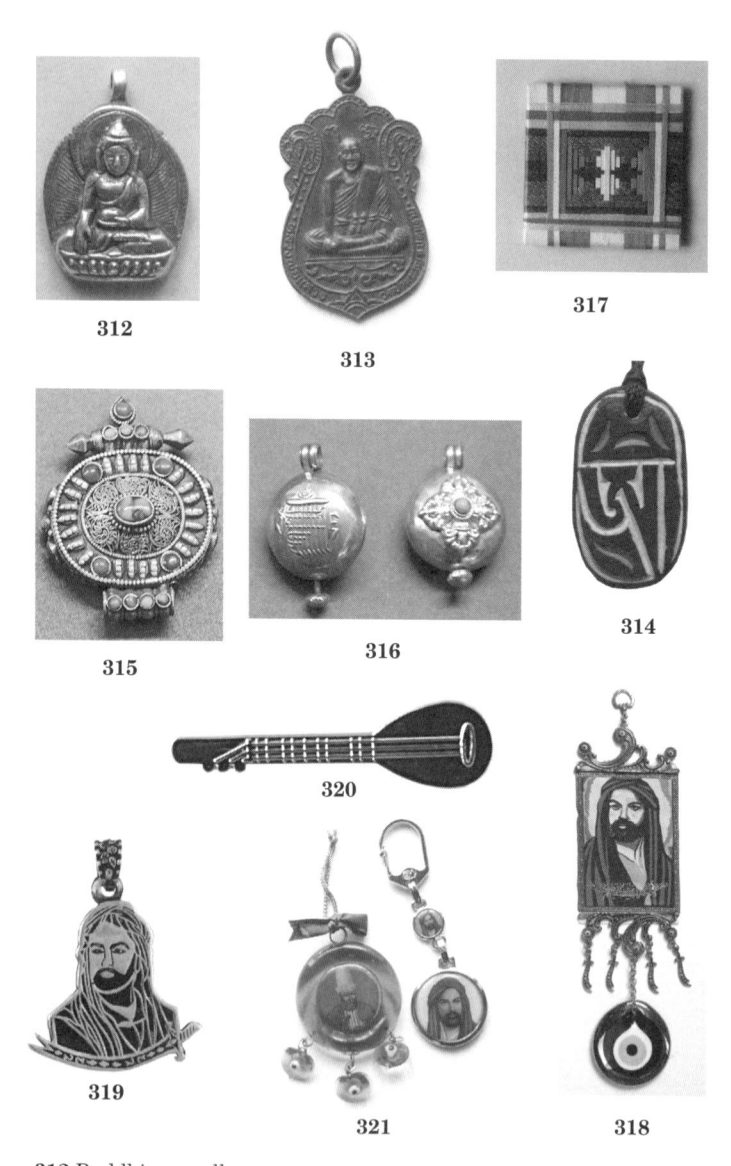

312 Buddhismus allg.

313 Buddhismus Theravada

314 – 317 Buddhismus Vajrayana

318 – 321 Aleviten (320 sehr kleiner Anstecker)

322 Sikh (Armreif an der rechten Hand)
323 Sikh (In den Haaren getragen)
324 Sikh (Meist unter der Kleidung)
325 Sikh
326 – 329 Buddhismus Theravada
330 + 331 Buddhismus Vajrayana

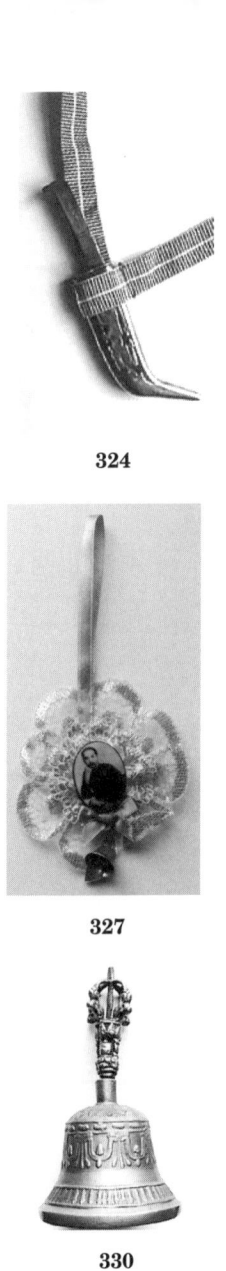